中国特色小（城）镇
2020 年发展指数报告

蒋剑辉　张晓欢　主编

人民出版社

中国特色小（城）镇 2020 年发展指数报告
编写委员会名单

编委会主任： 蒋剑辉　张晓欢

编委会副主任： 戴子君　陈　旭　郑四渭

　　　　　　　　惠琦娜　华宏杰　杨宗宝

编委会成员： 熊俊顺　何森雨　熊南飞

　　　　　　　张央青　周文斌　张女英

　　　　　　　宣君炜　梅　婷

主编简介

蒋剑辉　浙江工商大学统计学副研究员，杭州数亮科技股份有限公司首席指数专家，中国商业统计学会市场调查与教学研究会副会长，国家商务部"义乌·中国小商品指数"特聘专家。主要研究方向是统计调查和统计指数。共主持和参与各类科研项目100余项，发表学术论文18篇，出版专著2部，获各级优秀科研成果奖20余项。在研发编制我国专业市场统计指数方面有突出成就，荣获中国商业联合会"2008年度中国商业创新人物"奖。2006年以来，先后主持研发了义乌·中国小商品指数、中国·柯桥纺织指数、北京中关村电子产品指数、中国·寿光蔬菜指数、中国·成都中药材指数、中国·成都五金机电指数、中国·舟山水产品指数、中国·杭州四季青女装指数等30多个专业市场指数，以及浙江省小微企业成长指数、杭州滨江创新指数、上海有色金属价格指数、水头石材产业指数、晋江鞋业发展指数、中国特色小（城）镇发展指数、中国城镇居民生活必需品价格指数等一系列较具影响力的指数，被媒体誉为"指数达人"。

杭州数亮科技股份有限公司是一家运用统计学和大数据方法、互联网技术，研发、应用、推广发布指数的国家高新技术企业，主营业务是新一代指数产品的研发、应用与推广，特色小镇信息咨询及服务，大数据应用及智慧化建设服务。2016—2018年连续三年荣膺"浙江省成长性科技型百强企业"称号。

张晓欢　国务院发展研究中心公共管理与人力资源研究所副研究员，东方文化与城市发展研究所所长助理、学术委员会副主任（主持工作），北京大学政府管理学院应用经济学博士后。兼任多个高校、科研院所、企事业单位研究员、教授、首席专家、首席经济学家及多个地方政府经济顾问。曾获国家发展改革委优秀建言献策专家称号、全国人大等省部级以上表彰，参与多份国家及部委文件起草，在《人民日报》《经济日报》《经济参考报》《经济要参》等报刊和学术刊物上发表文章100余篇，主要研究城镇化、文化旅游、城乡融合、产业金融等领域，著有《迈向高质量特色小镇建设之路》《新时代中国文化发展新思路》《中国特色小（城）镇发展指数报告2018》等专业著作6部。

序言

　　受国家发展改革委规划司城乡融合发展处委托，杭州数亮科技股份有限公司会同国务院发展研究中心·东方文化与城市发展研究所继2018年、2019年连续两年开展特色小（城）镇研究后，2020年继续开展特色小（城）镇发展指数编制与特色小（城）镇建设成效综合评价工作，这项工作非常重要且卓有成效。

　　我国特色小（城）镇建设，是推进新型城镇化、探索新发展模式和塑造新发展业态的重要实践。过去一年来，我国特色小（城）镇在规范建设、高质量发展、典型引路、多方参与的机制下，取得了显著成就。特色小（城）镇建设已经实实在在地成为国家新型城镇化战略、乡村振兴战略的融合器，成为产城融合、脱贫攻坚、全面建成小康社会的重要载体。

　　特色小（城）镇建设迈上规范、健康发展新道路。在特色小（城）镇发展过程中，涌现了"余杭梦想小镇""苏州苏绣小镇""德清地理信息小镇"等一批特色鲜明、创新发展的典型案例。2019年4月19日，由国家发展改革委规划司主办的"2019年全国特色小镇现场经验交流会"在浙江省湖州市德清地理信息小镇召开，会上公布了全国共淘汰整改的 419 个"问题小镇"，同时 403 个"全国特色小镇"更名为"全国特色小城镇"。高质量发展成为今后特色小（城）镇发展的基调和努力方向。

特色小（城）镇建设建立了典型引路体制机制。2019 年 3 月，《国家发展改革委关于印发〈2019 年新型城镇化建设重点任务〉的通知》中提到，逐年挖掘精品特色小镇，总结推广典型经验，发挥示范引领作用。"2019 年全国特色小镇现场经验交流会"交流了"第一轮全国特色小镇典型经验"，列举了 10 大典型特色小镇，分享其在打造新兴产业集聚发展新引擎、探索传统产业转型升级新路径、开拓农业转移人口市民化新空间、构筑城乡融合发展新支点、搭建传统文化传承保护新平台方面的相关经验。通过树立典型案例，为特色小（城）镇的发展提供了"航标灯"，引导其在正确的道路上奋发前行。

特色小（城）镇建设已经进入高质量发展新阶段。《中国特色小（城）镇发展指数报告》自 2018 年首次发布，现今已到了第三个年头，报告编制团队对中国特色小镇、特色小城镇的发展状况进行持续跟踪和分析，在覆盖特色小镇、特色小城镇发展基本内核指标的基础上，还加入了网络舆情大数据，全面系统地揭示其综合发展水平。本报告研究发现，全国各地特色小（城）镇已呈现出规范纠偏、因地制宜、联结融通、跨域联合等新发展特点，特色小镇呈现出高质量发展的趋势，特色小城镇的综合实力在不断增强，特色小（城）镇践行新发展模式、塑造新发展业态效益显著。

编制出版《中国特色小（城）镇发展指数报告》是一项系统性、复杂性较高的工作，希望在实践中能够秉承"科学、严谨、前瞻、专业"

的理念，持续做好特色小镇、特色小城镇发展指数的编制与分析工作，并发挥好报告的指导价值，为国内外各界人士了解和掌握特色小镇、特色小城镇的发展状况提供切实有效的数据参考。

中国城镇化促进会党委书记、副主席兼理事长

陈炎兵

2020 年 4 月于北京

摘要

在新时代我国实施新型城镇化战略及乡村振兴战略的大背景下，特色小（城）镇担负着重要任务，既有望成为践行经济高质量发展的平台，又有条件成为推动城乡融合发展的新载体。特色小镇主要指聚焦特色产业和新兴产业，集聚发展要素，相对独立于市区，具有明确产业定位、文化内涵、旅游和一定社区功能的发展空间平台，不同于行政建制镇和产业园区。特色小镇是在经济转型升级、城乡统筹发展、供给侧结构性改革等背景下所提出，起源于浙江。

特色小城镇是指以传统行政区划为单元，特色产业鲜明、具有一定人口和经济规模的建制镇，一般指城乡地域中地理位置重要、资源优势独特、经济规模较大、产业相对集中、建筑特色明显、地域特征突出、历史文化保存相对完整的乡镇。特色小城镇是在新型城镇化建设、新农村建设等背景下所提出。

特色小（城）镇在发展初期也出现了产业定位不清、发展路径不佳等一系列的问题，国家发展改革委会同有关部门，提出了若干规范管理措施，并设立动态调整机制，引导特色小（城）镇高质量发展。

　　为全面系统地监测与评价全国各地区特色小（城）镇的创建水平、创新管理与运营机制，我们遵循现代统计指数和综合评价理论与方法，持续编制中国特色小(城)镇发展指数，在构建科学指标体系的基础上，融入网络舆情大数据（包括新闻、报刊、微信公众号和论坛等），通过指数编制模型进行测算，得到 2019 年特色小（城）镇发展指数，并以此为依据，对特色小镇和特色小城镇进行排名，形成 50 强榜单。

　　特色小（城）镇发展指数的研究结果表明，特色小镇建设符合经济发展规律，成为高质量发展的生动缩影，各地区有序推动特色小镇建设，深化规范纠偏机制，强化典型引路机制，走出了一条产业特色鲜明、要素集聚、宜业宜居、富有活力的特色小镇高质量发展之路。同时，特色小城镇建设正在得到进一步加强，已有诸多综合实力突出的特色小城镇分布于全国各地，是引领中国小城镇健康发展的示范典型，是行政建制镇的排头兵、经济发达镇的升级版，不仅为城镇居民和周边乡村居民提供便捷的公共服务，而且依靠发展特色产业来吸引人口的集聚。

　　针对现阶段部分特色小(城)镇存在的特色不鲜明、破坏生态环境、融资困难、人才资源短缺、土地资源不足等问题，我们在分析各地建设先进经验的基础上，就如何促进特色小（城）镇健康发展提出了六方面的对策与建议。

目录

第二篇

中国特色小镇 50 强荟萃

第 三 篇

中国特色小城镇 50 强荟萃

第
一
篇

中国特色小（城）镇
发展研究与指数分析

第一章
2019 年中国特色小（城）镇
政策研究与发展动向

一、特色小（城）镇政策研究

（一）国家层面政策研究及探析

2014 年，浙江省首次提出"特色小镇"并且成功运行，全国掀起了一股特色小镇建设热潮，在住房和城乡建设部、国家发展和改革委员会、财政部等相关部门的联合推动下，"特色小镇"概念开始走出浙江、推向全国。

正如很多新生事物一样，特色小（城）镇在发展初期也出现了一系列的问题，国家发展改革委协同各相关部门持续展开特色小镇的政策探索。2019 年 3 月，国家发展改革委发布了《2019 年新型城镇化建设重点任务》，文件提出要支持特色小镇有序发展来优化城镇化布局形态。文件还强调要从建立典型引路机制、建立规范纠偏机制、优化营商环境三个方面推动特色小镇走向高质量发展。具体来看，建立典型引路机制需要在全国范围内挖掘精品特色小镇，总结推广典型经验，发挥优秀特色小镇的示范引领作用，正确引导小镇发展；建立规范纠偏机制需要各地逐年开展监测评估，淘汰错用概念的行政建制镇、滥用概念的虚假小镇、缺失投资主体的虚拟小镇，并组织制定特色小镇标准体系，适时健全支持特色小镇有序发展的体制机制和政策措施；优化特色小镇营商环境要从优化融资环境、政策环境两方面入手，通过削弱特色小镇中企业融资难度、简化政策烦琐度以不断增强企业经营信心，进而推动小镇发展。

近年来国家出台的一系列支持特色小（城）镇发展的政策文件，对正确引导特色小（城）镇健康、稳定发展起到了高屋建瓴的作用，规范纠偏和典型引路机制的建立为特色小（城）镇高质量发展给出了一剂良方，指明了发展方向，小（城）镇建设步入高质量发展的快车道。

（二）地方层面政策研究及探析

在国家出台的一系列规范特色小（城）镇发展政策的引导下，各地响应号召，以浙江省为典型样板，学习借鉴浙江省经验，积极出台相关政策文件。地方层面特色小（城）镇政策汇总如表 1-1 所示。

表 1-1　特色小（城）镇省级政策

日期	相关政策与文件	地区
2019 年 2 月	《吉林省人民政府关于印发支持特色小镇和特色小城镇建设若干政策的通知》（吉政发〔2019〕5 号）	吉林省
2019 年 2 月	《吉林省人民政府办公厅关于印发吉林省加快特色产业小镇创建实施方案的通知》（吉政办明电〔2019〕5 号）	吉林省
2019 年 2 月	《湖南省发展和改革委员会关于印发〈湖南省加快推进特色产业小镇建设专项实施方案〉的通知》（湘发改规划〔2019〕63 号）	湖南省

续表

日期	相关政策与文件	地区
2019 年 2 月	《山东省发展改革委关于开展 2019 年度省级服务业特色小镇培育工作的通知》（鲁发改服务〔2019〕157 号）	山东省
2019 年 2 月	《四川省文化和旅游产业领导小组关于印发〈四川省文旅特色小镇评选办法（试行）〉及申报的通知》（川文旅产领〔2019〕4 号）	四川省
2019 年 2 月	《自治区住房城乡建设厅关于印发〈广西特色小镇培育阶段动态评估细则〉的通知》（桂建村镇〔2019〕6 号）	广西壮族自治区
2019 年 7 月	《关于开展全省特色小镇建设"回头看"工作的通知》（粤发改区域函〔2019〕2653 号）	广东省
2019 年 8 月	《云南省特色小镇发展领导小组办公室关于成立云南省特色小镇创建工作专家委员会的通知》（云发改办规划〔2019〕386 号）	云南省
2019 年 9 月	《浙江省发展改革委　浙江省财政厅关于印发浙江省特色小镇产业金融联动发展基金组建运作方案的通知》（浙发改城镇〔2019〕400 号）	浙江省
2019 年 9 月	《云南省人民政府关于命名云南省特色小镇的通知》（云政函〔2019〕76 号）	云南省
2019 年 9 月	《山东省发展和改革委员会关于 2020 年度山东省现代服务业集聚示范区　山东省服务业特色小镇申报工作的通知》（鲁发改服务〔2019〕897 号）	山东省
2019 年 10 月	《贵州省人民政府办公厅关于加快推动特色小镇和小城镇高质量发展的实施意见》（黔府办发〔2019〕20 号）	贵州省
2019 年 11 月	《湖南省人民政府办公厅关于印发〈湖南省支持省级特色产业小镇发展的政策意见（2019—2021 年）〉的通知》（湘政办发〔2019〕58 号）	湖南省
2019 年 12 月	《云南省住房和城乡建设厅关于印发〈云南省康养小镇等级划分与评定办法（试行）〉的通知》（云建名〔2019〕221 号）	云南省

　　各省紧密结合本地实际，因地制宜，探索特色小（城）镇多种发展模式。吉林省先后出台《吉林省人民政府关于印发支持特色小镇和特色小城镇建设若干政策的通知》《吉林省人民政府办公厅关于印发吉林省加快特色产业小镇创建实施方案的通知》，强调要支持产业发展、加强基础设施建设、加强财税扶持力度，有效提升吉林特色城镇化质量，持续深入推进示范城镇建设；山东省聚焦服务产业，先后出台《山东省发展改革委关于开展 2019 年度省级服务业特色小镇培育工作的通知》《山东省发展和改革委员会关于 2020 年度山东省现代服务业集聚示范区　山东省服务业特色小镇申报工作的通知》，明确服务业特色小镇申报规则，着力推动服务业特色小镇申报与建设工作；云南省先后出台《云南省特色小镇发展领导小组办公室关于成立云南省特色小镇创建工作专家委员会的通知》《云南省人民政府关于命名云南省特色小镇的通知》《云南省住房和城乡建设厅关于印发〈云南省康养小镇等级划分与评定办法（试行）〉的通知》，专门成立云南省特色小镇创建工作专家委员会，利用地区生态优势，围绕建设"健康生活目的地"总体目标，加快推进康养小镇建设，进而深化云南全域旅游发展；贵州省紧随国家脚步，出台《贵州省人民政府办公厅关于加快推动特色小镇和小城镇高质量发展的实施意见》，提出加快实施全省特色小镇和小城镇"3 个 1 工程"，分别从发展特色产业、改善人居环境、深化改革创新等方面推进特色小（城）镇高质量发展；等等。

　　除了省级层面政策外，全国部分副省级及地级城市也出台了一系列政策推进特色小（城）镇发展。市级特色小（城）镇政策汇总如表 1-2 所示。

表 1-2　特色小（城）镇市级政策

日期	相关政策与文件	地区
2019 年 1 月	《广州市发展改革委关于印发广州市进一步促进特色小镇健康发展实施意见的通知》（穗发改〔2019〕14 号）	广州市
2019 年 1 月	《关于印发东莞市推进特色小镇健康发展的指导意见的通知》（东发改〔2019〕26 号）	东莞市
2019 年 2 月	《北海市人民政府办公室关于印发北海市培育建设特色小镇实施方案的通知》（北政办〔2019〕23 号）	北海市
2019 年 8 月	《关于组织申报 2019 年烟台市服务业特色小镇试点的通知》（烟发改服务〔2019〕304 号）	烟台市

　　在广东省特色小镇建设"回头看"评价工作的督促下，2019 年，广州市、东莞市均以特色小镇健康发展为全年重心，通过建立组织协调机制，健全特色小镇建设领导小组及办公室职能，强化特色小镇规划建设的主体责任，科学制定实施方案，规范有序推进特色小镇高质量发展；北海市响应广西壮族自治区号召，为推动特色小镇发展，出台《北海市培育建设特色小镇实施方案》，明确三年建设任务，对特色小镇实施阶梯培育制度，引导特色小镇规范发展；烟台市积极响应山东省号召，严格开展烟台市服务业特色小镇试点申报，提高小镇入门水准。

　　在国家政策的宏观引领下，各地充分结合自身资源条件和特色优势，致力于培养各具特色、富有活力的特色小镇，推进特色小（城）镇高质量发展。

二、特色小（城）镇发展动态

　　2019 年，全国各地特色小（城）镇建设取得了新的进展，涌现出一批产业特色鲜明、高端要素集聚、宜业宜居、富有活力的特色小(城)镇。为深入贯彻落实党中央、国务院关于特色小（城）镇建设的总体部署与发展要求，各地积极举办了特色小（城）镇系列论坛活动，促进了特色小（城）镇相互交流合作，推动了特色小（城）镇高质量发展。

2019 年 1 月 20 日，在中国城镇化促进会主办的"2019 年中国新型城镇化论坛"上，国家发展改革委、国务院发展研究中心等相关领导和专家强调，要"聚焦高质量、引领新发展"，对各地方出现的特色小镇概念不清、盲目跟风等不良倾向进行严厉禁止，积极稳妥推进新型城镇化和特色小镇建设，确保特色小镇规范有序发展。

2019 年 4 月 19 日，由国家发展改革委城市和小城镇中心、中国城镇化促进会联合主办的"2019 年全国特色小镇高质量发展会议"召开，国务院有关部门、各省发展改革委、相关研究机构人员汇聚一堂，探索特色小镇高质量发展的有效路径，营造有利于特色小镇健康有序发展的社会环境。同日，国家发展改革委规划司在浙江省湖州市德清地理信息小镇召开了"2019 年全国特色小镇现场经验交流会"，会上披露，截至 2018 年 12 月 31 日，全国共淘汰整改了 419 个"问题小镇"，并将 403 个"全国特色小镇"更名为"全国特色小城镇"，这是我国第一次把规范特色小（城）镇发展提高到国家宏观调控的层面，对进一步规范特色小（城）镇的发展起到了警示作用。

与此同时，全国各地举办了多场特色小镇交流大会。2019 年 6 月 22 日，由长江三角洲城市经济协调会产业特色小镇发展联盟与华东理工大学商学院共同主办的"第四届长三角特色产业小镇发展高峰论坛"成功举办，各方代表探讨长三角区域内产业特色小镇发展之路。2019 年 11 月 2 日，安徽大学与上海财经大学、安徽省池州市青阳县委、县政府联合主办"首届长三角特色小镇创新创业大赛"，为推动特色小镇健康可持续发展贡献新思路、新想法。2019 年 11 月 12 日，在由经济日报社中国经济趋势研究院、中国社会科学院人口与劳动经济研究所、中国城市百人论坛共同主办的"中经特色小镇发展论坛"上，参会各方围绕"特色小镇可持续发展的方向与对策"的论坛主题发表演讲。2019 年 11 月 22 日，在由上海市宝山区人民政府、中国城市和小城镇改革发展中心、上海财经大学、保利发展控股集团股份有限公司联合主办的第二届"社会治理与协同创新中国镇长论坛"上，各方代表共同探索基层社会治理新思路，交流推广城镇治理经验。2019 年 12 月 9 日，由中国旅游协会、芜湖市人民政府主办的中国旅游特色小镇发展大会在芜湖举行，会上发布了《2019 中国旅游特色小镇业态创新报告》。2019 年 12 月 27 日，由中国旅游协会批准，中国旅游协会最美小镇分会发起并主办首届"最美小镇幸福生活论坛"，会上就"最美小镇的保护与传承"及"最美小镇的利用与创新"进行了深度讨论和交流。

此外，各地积极开展特色小镇相关展会活动。2019 年 9 月 7 日，"第六届四川国际旅游交易博览会"开幕，9 个四川文化旅游特色小镇组团走进此次博览会，展示当地文创产品，借助旅博会平台宣传小镇的文化旅游资源。2019 年 11 月 7—10 日，"第二届中国康养文旅产业博览会暨第七十一届北京房地产展示交易会"于北京举办，博览会以"新产业、新业态、新模式"为主题，致力于打造三大平台——康养文旅产业及康养城市、旅游城市展示宣传平台，产业融合发展平台，国际交流合作平台，并以此三大平台推动康养文旅产业及康养城市、旅游城市的发展，促进消费转型升级，满足人民美好生活需求。2019 年 12 月 27 日，"2019 首届中国休闲旅游博览会"开幕，博览会以"创新融合，绿色发展"为主题，设置了休闲农业与乡村旅游示范展区、湖南省十大文旅特色小镇展区等，通过形象宣传片、特色文化演出、特色景点展示和景区线路介绍等形式进行发布和推介。

2019 年以来，特色小（城）镇通过一系列论坛、展会和会议的形式，研讨和践行国家"聚焦高质量、引领新发展"的建设要求，走出了一条开放融通、资源共享、宜业宜居、可持续、高质量发展之路。

第二章
中国特色小（城）镇
发展的新特点

一、规范纠偏，提升特色小（城）镇发展品位

2019 年 4 月，国家发展改革委规划司在浙江省湖州市德清地理信息小镇召开"2019 年全国特色小镇现场经验交流会"。会议强调，在建设特色小（城）镇时，要注重坚持规范纠偏，推动特色小镇有序发展，提升特色小（城）镇发展品位。

全国各地积极响应国家发展改革委的号召，推动特色小（城）镇建设规范标准化。云南省特色小镇发展领导小组办公室高标准高质量推进全省特色小镇创建工作，建立了省级、州市级、企业自我冠名特色小镇创建名单库，实行名单定期报送、动态管理、监测预警等机制，并对 15 个特色小镇进行了"回头看"，禁止不符合特色小镇内涵和标准的项目滥用概念、混淆内涵；广东省发展和改革委员会于 2019 年委托第三方机构进行特色小镇"回头看"调研工作，加强对特色小镇创建工作的分类指导，稳步推动特色小镇高质量发展；2019 年 2 月，湖南省发展和

改革委员会提出对省级特色产业小镇进行年度评价，考核特色产业小镇实施成效，对建设情况较好的给予支持，对连续两年建设进度未达到预期的采取追回投资等措施予以整治。随着一系列地方性规范特色小（城）镇发展措施的落地，各地纷纷建立起动态管理机制，助推特色小（城）镇规范有序发展，特色小（城）镇发展品位有了新的提升。

二、因地制宜，丰富特色小（城）镇发展类型

不同地域产业基础差异较大，特色小（城）镇自开始建设，就一直强调要坚持因地制宜，需要深度挖掘地方产业基础及特色，体现区域差异性，提倡形态多样性，彰显特色小(城)镇独特魅力，防止照搬照抄、千镇一面。

2019 年 3 月，国家发展改革委发布的《2019 年新型城镇化建设重点任务》中要求，要坚持特色兴镇、产业建镇，特色小镇要始终围绕着"特色"进行建设。云南省紧紧围绕建设"健康生活目的地"总体目标，以"云南只有一个景区，这个景区叫云南"的理念统筹布局，让云南的蓝天白云、青山绿水、特色文化转化为发展优势，推进建设康养小镇。河北省借力冬奥会大力推广打造冰雪特色小镇，计划到 2025 年，张家口市将打造以崇礼为中心、辐射周边地区的滑雪大区，建设冰雪特色小镇 20 个以上。海南省重点发展旅游、热带高效农业、高新技术、低碳制造、健康养生、民俗文化、休闲体育、文化创意、现代物流等类型的特色小镇。在推进特色小镇和特色小城镇建设过程中，各地立足区位条件、资源禀赋、产业积淀和地域特征，以特色产业为核心，兼顾特色文化、特色功能和特色建筑，精准推进特色小（城）镇发展，这些类型多

样、特色鲜明的特色小（城）镇建设对提升地方经济发展、扩大区域影响力起到了强有力的支撑作用。

三、联结融通，促进城镇、乡镇、村镇融合发展

特色小镇和特色小城镇是新型城镇化与乡村振兴的重要结合点，也是促进经济高质量发展的重要平台。2019 年 5 月，国家发展改革委、中央农村工作领导小组办公室等部门强调可以将建设特色小（城）镇作为一条重要途径，创建一批城乡融合发展典型项目，实现城乡生产要素的跨界流动和高效配置。同年 10 月，全国工商联主办了第十八期"德胜门大讲堂"，会上发布了"2019 乡村振兴与特色小镇 10 大案例"，表示将发挥全国工商联系统企业集聚、资源汇聚的优势，大力扶持优秀案例和优秀企业建成特色小镇标杆项目，更好地支撑乡村振兴和特色小镇建设国家战略的实施。

特色小（城）镇，一边对接大城市的先进制造业和现代服务业及大数据等新兴产业，另一边对接乡村传统与现代农业，通过提升城镇、乡镇、村镇联结融通的节点功能，从要素配置、产业发展、生态保护等方面把工业和农业、城市和乡村有机联系起来，既推动了产镇融合，又推动了城镇融合、乡镇融合与村镇融合，为统筹与促进城乡发展提供了广阔的空间。

四、跨域联合，深化特色小（城）镇合作开放发展

特色小（城）镇是促进城乡一体化发展的一大助力，也是推动地区

产业转型升级的一大重要推手。2019 年 6 月，航埠时尚低碳小镇与余杭区艺尚小镇签约结为"姊妹小镇"，双方主导产业共同定位为服装时尚产业，艺尚小镇以设计、品牌为中心，时尚低碳小镇以智造、销售为中心，各自发挥优势，在小镇创建、产业共构、资源共享等方面开展深入合作，推动地区产业升级。同年 7 月，杭州市发布《杭州市落实长三角区域一体化发展国家战略行动计划（征求意见稿）》，提出要充分利用上海、合肥等长三角主要城市人才、科研等资源优势，建立沪杭、合杭梦想小镇。同年 12 月，长三角特色小镇产业联盟成立大会在杭州市上城区玉皇山南基金小镇举行，旨在推动特色小镇更大范围、更高层次联动发展，推进小镇资源共享、发挥产业集聚作用，通过特色小镇跨域合作，加强长三角一体化发展，打造长三角一体化发展"金名片"。

放眼国际，特色小镇在促进国际一体化的进程中同样大放异彩。2019 年，中法（杭州）创新合作加速中心设立于杭州大创小镇，该中心计划打造服务中法两国科创生态圈的战略性大平台，吸引更多法国高层次人才来杭州创业创新，进一步促进两国间的科技成果转化。同年 5 月，由莫斯科中国文化中心与浙江省文化和旅游厅主办的"中国青瓷小镇——浙江特色小镇海外推广展"在莫斯科中国文化中心举办，通过非遗项目的活态演示、互动体验、静态展陈及文旅推介相结合的方式，推进了"一带一路"文化交流，提升了浙江特色小镇的国际影响力，彰显了特色小镇对外开放的活力。

2019 年，特色小（城）镇建设发展呈现出规范纠偏、因地制宜、联结融通、跨域联合等新特点，特色小（城）镇建设有章可循，发展更加规范化，并在促进城乡融合、区域合作交流等方面成效显著。

第三章
特色小（城）镇建设经验

在国家政策大力引导下，全国各地都在积极推进特色小（城）镇建设，从产业培育、资源整合、模式设计到政策落实保障都进行了有效的改革创新，积累了许多宝贵的经验，为推动新时代特色小（城）镇高质量发展奠定了重要基础。

一、创建达标，对特色小（城）镇实行动态管理

在特色小（城）镇建设过程中，国家和地方相继出台的各类规范性文件成为"有形之手"，引导和规范特色小（城）镇建设，促进特色小（城）镇高质量发展。浙江省率先形成了"规划有指南、创建有导则、考核有办法、验收有标准"的特色小镇工作体系，分类指导特色小镇创建规划。此外，广东、江苏、吉林等省份均实行"宽进严定、动态淘汰"的创建达标制度，取消一次性命名制，避免各地区只管前期申报、不管后期发展，每年对特色小镇创建工作进行监测评估，对于不达标的特色小镇实施退出机制，创建期满后实行验收命名。湖南省设立特色产业小镇年度考核标准，对各特色产业小镇的达标和增长情况进行综合考评，

建立监督奖惩、动态调整机制。广东省、云南省实施特色小镇建设"回头看"工作体系，禁止不符合特色小镇内涵和标准的项目滥用概念、混淆内涵，及时清理整顿问题小镇、风险小镇、不实小镇。青海省在首批6个特色小镇创建中，明确该省特色小（城）镇创建实施年度评估制度，实行动态管理，对通过评估的给予财政等政策支持，对未通过评估的取消相关政策支持并清退出创建名单。各省份对特色小镇合理制定创建程序，并实行动态管理机制，分批次创建，推进特色小镇高质量发展。通过动态管理，小（城）镇在优胜劣汰的成长机制下，充满活力和勃勃生机。

二、聚才引智，激发特色小（城）镇创新驱动力

集聚人才、引进技术与智力等高端要素是特色小镇高质量发展的关键举措，是特色小镇产业发展实现从要素驱动向创新驱动转变的根本保证。创业创新是特色小镇的核心驱动力，浙江省在建设特色小镇过程中坚持多元集聚创新主体，与中国科学院、中国工程院等机构建立协同创新机制，同时在一些特色小镇中为大学生建立专门的众创空间、天使基金等，强化了特色小镇集聚高端要素的能力建设。湖南省出台政策鼓励特色产业小镇内企业与科研院所、高校深入开展产学研合作，同时制定并实施"芙蓉人才行动计划"，对特色产业小镇引进和培养科技创新人才加大支持力度，支持特色产业小镇内的企业和人才申报湖湘高层次人才聚集工程、湖湘青年英才、企业科技创新创业团队等科技创新人才计划。江苏省鼓励各地创新制定吸引高端人才落户政策，完善住房、教育、医疗保健、配偶安置等服务，以"不求所有，但求所用"的方式引

用世界级高端人才。安徽省落实创新创业人才扶持政策，主要针对进入特色小镇的产业领军人才、大学生、企业高管、科技人员创业者、留学归国人员等，加快特色产业转型发展、领先发展，打造创新创业样板。浙江、湖南、江苏、安徽等省份均把特色小镇人才引进、培育作为重点工作来抓，通过营造适合创业创新、人才集聚、技术发展的环境氛围，提升科技兴镇能量，特色小镇聚才引智驱动创新发展的积极效果已经显现。

三、基金引导，提升特色小（城）镇融资能力

政府引导基金在特色小镇投融资过程中起到至关重要的杠杆作用。为充分发挥政府产业基金的引导作用，吸引社会资本投资特色小镇重大项目建设，浙江省由省转型升级产业基金出资 10 亿元，带动市县以及社会资本共同投资，形成总规模 100 亿元的浙江省特色小镇产业金融联动发展基金，围绕省级特色小镇中的实体企业开展投资，为特色小镇产业发展提供专业投融资服务及智力支持。江苏省优化融资政策，支持设立特色小镇产业投资基金，省级层面组织特色小镇与各类金融机构和社会资本开展战略合作，推进差别化投融资创新，帮助协调解决重点难点问题。安徽省财政设立特色小镇建设专项基金，按照"竞争择优、突出重点，因地制宜、引导带动，统筹支持、注重绩效"的原则进行分配和管理，主要以"借转补"方式用于扶持各地特色小镇建设，根据各特色小镇项目建设等情况安排，并采取"以奖代补"方式对年度评估情况较好的特色小镇予以奖励。云南省为充分调动全省各地积极性，鼓励先进、鞭策后进，充分发挥示范特色小镇的引领带动作用，评选云南省示

范特色小镇，由省财政给予每个特色小镇 1.5 亿元以奖代补资金支持。专项基金的设立和支持，为特色小镇建设提供了充足的资金保障，政府引导基金的杠杆效应比较显著，有效缓解了特色小镇发展过程中的资金困难问题。

第四章
2019 年中国特色小（城）镇
发展指数解析

一、特色小（城）镇发展指数编制意义

特色小（城）镇是践行经济高质量发展的重要平台和推动城乡融合发展的新载体。特色小（城）镇发展指数是全国深入探索特色小（城）镇高质量发展的创新实践。编制特色小（城）镇发展指数，具有以下重要意义。

（一）为政府宏观管理和决策提供依据

定期对特色小（城）镇建设情况进行深入调研、跟踪观察，利用指数长期积累数据、持续动态反映指数化对象的功能，对全国各地区特色小（城）镇创建水平进行全面系统的监测与评价，可以展现特色小（城）镇的建设概貌，为政府宏观管理和决策提供依据，提高小（城）镇运营单位对自身发展趋势的预见性和决策的科学性。

（二）高效展示特色小（城）镇高质量发展成果

指数评价的目的不是简单地排名，而是通过指数化对比，高效展示小（城）镇可持续发展成果。通过数据发现各地区特色小（城）镇建设的佼佼者，挖掘典型案例、树立示范性标杆，从而鼓励先进、鞭策后进，推广经验、正面引导，肯定成绩、发现问题，发挥优势、补齐短板，为各地特色小（城）镇建设指明方向，引导特色小（城）镇建设沿正确轨道前行。

（三）为优胜劣汰和考核评价积累素材

通过指数编制，深入推进特色小(城)镇建设成效的排名评优工作，让特色小（城）镇建设主体对常态化评价工作有全面的了解，强化优胜劣汰的意识，打消"一劳永逸"的想法，不断创新管理与运营机制，充分发挥市场的作用，优化资源配置，提高资源利用效率。为地方政府和主管部门构建考核评价运行机制奠定基础、积累素材。

二、特色小（城）镇发展指数综合分析

2019 年特色小（城）镇发展指数采用功效系数法进行编制，指数遵循现代统计科学理论，在构建科学指标体系的基础上，融入网络舆情大数据（包括新闻、报刊、微信公众号和论坛等），通过指数编制模型进行测算，得到 2019 年特色小（城）镇发展指数，以此为依据，对特色小镇和特色小城镇进行排名，形成 50 强榜单。

（一）特色小镇建设步入了高质量发展阶段

特色小镇建设符合我国城乡融合发展规律，是社会经济高质量发展的生动缩影。各地区有序推动特色小镇建设，深化规范纠偏机制，强化典型引路机制，走出了一条"产业特色鲜明、要素集聚、宜业宜居、富有活力"的特色小镇高质量发展之路。如图 4-1 所示，2019 年浙江省有 18 个特色小镇入选 50 强，占比 36%，遥遥领先于其他地区；广东省规范推进特色小镇建设工作，及时总结经验，特色小镇发展持续焕发新活力，有 11 个小镇入围 50 强，较 2018 年增加 7 席；安徽省立足资源禀赋和发展实际，协同实现生产、生活、生态的"三生融合"理念建设特色小镇，在 50 强榜单中占有 9 席；吉林省特色小镇发展以科技创新为重要突破口，全面转型升级，助推新型城镇化的快速发展，有 4 个小镇入围 50 强，较 2018 年增加 3 席。

中国特色小（城）镇发展研究与指数分析

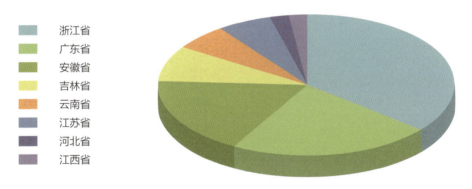

图 4-1　2019 年 50 强特色小镇各省分布占比情况

浙江省
广东省
安徽省
吉林省
云南省
江苏省
河北省
江西省

　　作为精品特色小镇典型，50 强特色小镇发展富有活力。数据显示，50 强特色小镇前十位中浙江省包揽 8 席，分别是杭州市余杭区梦想小镇、杭州市西湖区云栖小镇、杭州市余杭区艺尚小镇、湖州市德清县地理信息小镇、杭州市建德市航空小镇、杭州市西湖区龙坞茶镇、杭州市萧山区信息港小镇和绍兴市上虞区 e 游小镇，其中杭州市余杭区梦想小镇、杭州市西湖区云栖小镇和杭州市余杭区艺尚小镇更是包揽前三位。

　　杭州市余杭区梦想小镇以 85.70 分居 50 强榜首，较 2018 年进步 2 名。截至 2019 年年底，梦想小镇已累计引进深圳紫金港创客、良仓孵化器等 55 家知名孵化器，形成了一支以"阿里系、浙大系、海归系、浙商系"为代表的创业队伍；获评省级特色小镇、国家 AAAA 级旅游景区、省级数字化示范园区，连续两年获评省级特色小镇"亩均效益"领跑者，被作为典型经验全国推广。如表 4-1 所示，在小镇成立五周年之际，梦想小镇已集聚创业项目数 2203 个，招引创业人才 18800 人，同比分别增长 26.17% 和 19.75%；获得一百万元以上融资额的项目数为 166 个，融资总额达 110 亿元。梦想小镇，已成为名副其实的特色小镇"领军者"。

表 4-1　余杭梦想小镇近三年数据情况

小镇基本情况	2018 年 3 月（三周年）	2019 年 3 月（四周年）	2020 年 3 月（五周年）
集聚创业项目数（个）	1300	1746	2203
创业人才数（人）	12000	15700	18800
获得一百万元以上融资额的项目数（个）	130	166	166
融资总额（亿元）	90	110	110
集聚金融机构数（家）	1100	1393	/
管理资本总额（亿元）	2600	2953	/

　　杭州市西湖区云栖小镇以 84.57 分在 50 强中排名第二，云栖小镇自 2014 年启动建设以来，基于"产业低小散、环境脏乱差"的传统工业园区，通过租用、回购、合作开发、自行改造，逐步实现产城融合，引进阿里云、数梦工场、政采云等一大批顶尖涉云企业，成功转

型为以云计算、大数据为特色主导产业、环境优美、配套齐全、达到国家 AAA 级旅游景区标准的特色小镇。如表 4-2 所示，截至 2019 年年底，云栖小镇累计引进企业 1551 家，其中涉云企业 1036 家，同比分别增长 46.18％和 31.47％；招引国家、省"千人计划"人才 42 人，其中"国千人才"28 人、"省千人才"14 人；涉云企业数在引进企业中占比达 66.80％，涉云产值过百亿元，小镇产业"特而强"效应愈加凸显。小镇还打造了云栖大会、2050 等世界级大会，正在打造数字经济的突破地。

表 4-2　西湖云栖小镇近三年数据情况

小镇基本情况	2017 年	2018 年	2019 年
引进企业数（家）	721	1061	1551
其中：涉云企业数（家）	475	788	1036
涉云产值（亿元）	150	229	／
国家、省"千人计划"人才数（人）	21	23	42
市"521"计划人才数（人）	7	12	／

杭州市余杭区艺尚小镇在 50 强中排名第三，较 2018 年进步 11 名，综合得分 82.44 分。艺尚小镇，依托临平新城，从 4 年前杭州郊区的一个城乡接合部，发展到 2 年前备受专业人士青睐的创业小园，而今，一个以服装、时尚产业为主导，环境典雅优美、艺术气息浓郁、各类人才汇聚、国际交流活跃的时尚新地标，已跃然眼前。如表 4-3 所示，艺尚小镇人才济济，截至 2019 年年底，艺尚小镇累计招引国内外顶尖设计大师 30 名、原创设计师 2600 名；小镇内时尚企业数和创新型服装区域总部数分别达 1132 家和 47 家，同比分别上涨 45.13％和 30.56％。从服

装出发，艺尚小镇正将产业逐步延伸至珠宝、家装等一体化时尚产业聚合，实现从服装产业到艺术产业的蜕变。

表 4-3　余杭艺尚小镇近两年数据情况

小镇基本情况	2018 年	2019 年
招引国内外顶尖设计大师数（名）	24	30
招引原创设计师数（名）	/	2600
时尚企业数（家）	780	1132
创新型服装区域总部数（家）	36	47

深圳市龙华区大浪时尚创意小镇得分 80.41 分，在 50 强榜单中排名第四，小镇已累计引入时尚及配套企业 540 家，吸引武学凯、武学伟、古焉贾燕等 17 名设计师入驻；小镇屡获好评，在 2019 年全国特色小镇现场经验交流会上，国家发展改革委把大浪时尚创意小镇作为传统产业转型升级典型案例，大浪时尚创意小镇已成为全国标杆性产业集群区，是中国服装行业发展的一面旗帜，是深圳市、龙华区的一张绚丽名片。

湖州市德清县地理信息小镇以 78.78 分位居 50 强第五。2019 年，新引进地理信息及相关项目 121 个，其中"地信 +"龙头型或总部型项目 10 个，包括成都纵横、上海华测、航天宏图、以色列英飞尼迪集团等；成功举办了联合国全球地理信息国际研讨会、中国智慧城市大会等大型会议。

从榜单来看，50 强特色小镇集中在产业类、新兴科技类和文旅类。如图 4-2 所示，2019 年，新兴科技类特色小镇在 50 强中占比为 38%，比 2018 年提高了 12 个百分点，特色小镇已逐渐成为新经济、新产业、新业态、新技术、新模式的集聚地。

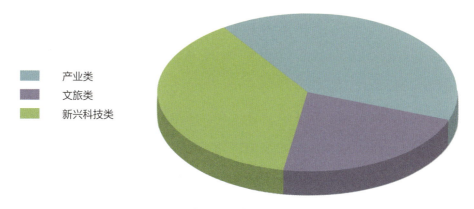

产业类
文旅类
新兴科技类

图 4-2　2019 年 50 强特色小镇产业类型分布

　　在浙江省以外，广东、吉林等省份在特色小镇建设中规范有序，产业发展带动要素集聚。如表 4-4 所示，以入围 50 强榜单的特色小镇数据测算，广东省特色小镇入驻企业 529 家，吸纳就业 20150 人，年缴纳税收 16.6 亿元，处领先水平；吉林省特色小镇完成投资额 57.8 亿元，特色产业投资占比为 94.3%，小镇年接待游客 231.4 万人次，三项指标遥遥领先于其他省份。

表 4-4　2019 年 50 强特色小镇各省数据对比

省份	小镇完成投资额（亿元）	特色产业投资占比（%）	小镇入驻企业数（家）	小镇年缴纳税收额（亿元）	小镇吸纳就业人数（人）	小镇年接待游客人数（万人次）
广东省	43.1	72.5	529	16.6	20150	229.4
安徽省	22.1	80.8	186	1.7	5339	41.2
吉林省	57.8	94.3	344	13.7	15250	231.4
江苏省	26.1	84.9	272	13.8	4054	47.2
云南省	9.2	75.3	882	0.3	2145	164.1

（二）特色小城镇综合实力不断增强

住房和城乡建设部曾于 2016 年 10 月、2017 年 8 月先后分两批公布了 403 个具有行政建制镇性质的"全国特色小镇"，现根据国家发展改革委等部门于 2017 年 12 月印发的《关于规范推进特色小镇和特色小城镇建设的若干意见》，403 个"全国特色小镇"正式更名为"全国特色小城镇"。随着特色小城镇建设工作的逐步推进，相当一部分综合实力突出的特色小城镇分布于全国各地。50 强特色小城镇省份分布情况（由于直辖市城镇化程度高，故不参与特色小城镇 50 强评选）如表 4-5 所示。

表 4-5 2019 年 50 强特色小城镇各省份分布情况

序号	省份	入选小城镇数（个）
1	江苏省	9
2	浙江省	7
3	广东省	6
4	山东省	5
5	福建省	3
6	贵州省	2
7	辽宁省	2
8	湖北省	2
9	安徽省	2
10	河北省	2
11	河南省	2
12	湖南省	2
13	广西壮族自治区	1
14	内蒙古自治区	1

序号	省份	入选小城镇数（个）
15	海南省	1
16	江西省	1
17	吉林省	1
18	山西省	1

据统计，全国有 18 个省份的特色小城镇入围 50 强，江苏省特色小城镇入围数量最多，占比 18%，比 2018 年增加 5 席，此外，浙江省、广东省和山东省特色小城镇分别入围 7 个、6 个和 5 个，可见经济发达地区入选比率高、建设成效显著。广东省作为经济大省，是除直辖市以外首个城镇化率突破 70% 的省份，整体城镇化水平一直较高；山东省按照新型城市化工作部署，坚持"全域城市化、市域一体化"战略，突出重点镇引领，狠抓示范建设，积极培育功能完善、宜居宜业、和谐发展的新型特色小城镇。如表 4-6 所示，通过对特色小城镇样本数据测算，其 2019 年 GDP 均值达 287.0 亿元，同比增幅均值达 6.9%。特色小城镇是引领中国小城镇健康发展的示范典型，是行政建制镇的排头兵、经济发达镇的升级版，为城镇居民和周边乡村居民提供便捷的公共服务，并依靠发展特色产业来吸引人口的集聚。

表 4-6 2019 年部分特色小城镇数据对比

所属地区	特色小城镇名称	GDP（亿元）	同比增幅（%）	工业总产值(亿元)	规模以上工业总产值（亿元）	固定资产投资（亿元）
佛山市顺德区	北滘镇	645	7.3	/	3043	/

续表

所属地区	特色小城镇名称	GDP (亿元)	同比增幅 (%)	工业总产值(亿元)	规模以上工业总产值 (亿元)	固定资产投资 (亿元)
温州市乐清市	柳市镇	321.3	9.5	660.1	/	58.3
佛山市南海区	西樵镇	186	7	386	361	/
苏州市昆山市	陆家镇	164.8	4.30	280.8	252.7	35.7
苏州市吴中区	甪直镇	117.96	6.34	245.6	161.4	21

前五位特色小城镇中，以产业为支撑助推地方经济高质量发展的小城镇占多数。广东省北滘镇以 84.80 分位列 50 强榜首，较 2018 年排名进步 2 名，在"2019 年度全国综合实力千强镇"中排名第六。北滘镇是国际级家电生产基地之一，全镇上市企业有 8 家，2019 年北滘镇实现地区生产总值 645 亿元，同比增长 7.3%，规模以上工业总产值首次突破 3000 亿元大关，达 3043 亿元，同比增长 9.9%。有"中国家具商贸之都""中国塑料商贸之都"之称的广东省乐从镇在 50 强榜单中排名第二，综合得分 84.37 分，乐从镇家具、钢材、塑料市场总面积分别达 320 万平方米、220 多万平方米、100 万平方米，经营商户总计近 7000 家，三类市场规模均处于同类市场前列。

特色小城镇建设百花齐放，名片效应突出。贵州省茅台镇以综合得分 84.13 分位列 50 强第三，茅台镇以历史悠久的白酒品牌为基础，以工业旅游为主抓手，建设茅台古镇文化产业园，倾力打造国家 AAAAA 级旅游景区，着力打造全景域旅游。2019 年，茅台镇入选"2018 中国乡镇综合竞争力 100 强""2018 中国西部乡镇综合竞争力 50 强"。

浙江省柳市镇位列 50 强第四，综合得分 82.38 分。2019 年，柳市镇实现地区生产总值 321.3 亿元，同比增长 9.5%；工业总产值 660.1 亿元，同比增长 6.5%；财政总收入 47.8 亿元，同比增长 5.1%；完成固定资产投资 58.3 亿元。目前已形成以高低压电器、电子、机械、仪表等为主导的产业体系，拥有企业 8700 余家，其中规模以上企业 391 家，中国 500 强企业 4 家。浙江省横店镇位列 50 强第五，综合得分 82.37 分。据了解，2019 年横店影视城共接待中外游客 1918 万人次，接待电影电视剧组 310 个，另外横店镇是国家可持续发展实验区、国家影视产业实验区、浙江省高新技术实验区，有"中国磁都""中国好莱坞"之美誉。

从入围 50 强的特色小城镇可以发现，优秀的特色小城镇具有鲜明的地域标签、极强的产业集群优势，它们依靠强势的支柱产业，推动建成完善的产业生态链，建立地区产业集聚区，塑造地域品牌，扩大地域品牌知名度，把地区市场扩展到全国乃至全世界，综合实力不断增强。

第五章
当前特色小（城）镇
发展存在的主要问题

一、产业支撑不强，特色小（城）镇特色不鲜明

发展特色小（城）镇，产业是根基。国家发展改革委办公厅于 2018 年 8 月发布的《国家发展改革委办公厅关于建立特色小镇和特色小城镇高质量发展机制的通知》指出，将逐年淘汰产业特色不鲜明、产镇不融合的问题小镇。

经过这几年的发展，特色小镇在产业支撑方面已经取得了很大的进展，但仍有部分地区缺乏对自身特色产业的深入挖掘，对打造具有长远"造血"功能的产业生态圈不够重视。例如西安白鹿原民宿文化村（本质上属于文旅类小镇），随着白鹿原这个文化 IP 的大火，只有 200 多平方公里的白鹿原上涌现出 5 家以"白鹿原"为主题的特色乡村旅游项目，同质化现象严重，经营惨淡，游客稀疏。部分以后天人工筹建游乐项目为主的文旅小镇无法形成可持续发展的产业链，难逃"夭折"命运，例如成都龙潭水乡，在开街运营初期，各种促销活动加

上尝鲜效应，吸引了大量游客，一段时间后，由于文化上的混乱、业态上的空白导致主题特色不明显，游客急剧减少，大部分店铺关门歇业，小镇惨遭淘汰。

二、生态环境遭损，特色小（城）镇建设触红线

建设特色小（城）镇的前提是坚持人与生态和谐共存，但至今仍有部分特色小（城）镇在建设过程中破坏了大自然原始的生态平衡。

一些经济欠发达地区需要借助招商引资来推进特色小（城）镇的建设，以生态文明区域内的土地来交换项目成为一些贫困地区的优选，个别地方的特色小镇开始走偏，以"特色小镇"为名，行"房地产开发"之实，牺牲了"青山绿水"，如大理鸡足山禅修小镇建设项目，以旅游开发为名，大力开发旅游地产项目，其建筑密度大、绿化率小、容积率高，需要大量砍树，对当地自然环境和植被带来了难以修复的破坏。此外，部分小镇在发展过程中管理不到位，给原本优美的生态环境造成严重压力，例如八宝壮乡特色小镇，大量游客涌入后出现垃圾随意丢弃现象，小镇内村民为做农家乐和民宿自主翻修旧房，期待接待更多的游客，给当地环境带来了恶劣影响。

三、融资依旧困难，特色小（城）镇发展遇瓶颈

持续稳定的资金流是特色小（城）镇发展的必要条件，中西部地区的特色小（城）镇建设资金大多来源于各级政府的财政与专项基金；但仅仅依靠地方政府的财政支持，无法为特色小（城）镇建设提供全面资

金保障。经济欠发达地区的特色小（城）镇建设资金缺口较大，一方面地方政府融资能力有限，无法满足特色小（城）镇建设需要的资金总量；另一方面由于项目回报周期较长、收益率相对较低，社会资本不愿意参与进来。

目前，特色小（城）镇在融资模式上较为单一，虽然已经出现基金、信托、债券等多种融资模式，但主要模式仍是通过地方政府融资平台向银行信贷。融资渠道的缺乏导致各类要素的保障供应不能落实到位，从而影响小（城）镇建设的进程。

四、人才资源短缺，特色小（城）镇建设创新难

地区发展的关键是人才，人才是创新的动力，当前我国各个大中城市为了吸引和留住高端人才，纷纷出台了各项优惠政策，涵盖住房、教育、医疗等方面，而特色小（城）镇作为发展新天地，与大城市相对成熟丰富的配套资源却无法比肩，且部分地区经济发展相对落后，小（城）镇人才吸引力不强。加之小（城）镇"引才、用才、留才"工作不到位，难以做到实现生产、生活、生态的有机融合，使特色小（城）镇在人才招揽方面处于劣势地位。此外，特色小（城）镇的人才需求较为特殊，需要依据小（城）镇发展特性吸纳专业人才，如新兴科技类小镇需要研发人才、产业类小镇需要技术人才、文旅类小镇需要创意人才。培育专业性人才需要成本和时间，很难短期达到应用要求，因此在特色小镇建设过程中，专业人才匮乏的现象时有出现。

五、土地资源不足，特色小（城）镇建设受限制

随着特色小（城）镇建设步伐的加快，隐含或衍生的土地利用问题愈发突出，成为特色小（城）镇健康发展中不可忽视的因素。从特色小（城）镇建设初期来看，住房城乡建设部公布建成的特色小城镇是全国整个建制镇中的佼佼者，平均建成区面积是普通镇的两倍；但即便如此，入选的特色小城镇仍反映出建设用地指标是制约城镇建设项目发展的主要问题。特色小镇建设同样需要使用建设用地，但各省份每年大量的用地指标需要投向民生基础设施、重大产业园区等项目，结余指标数量有限，特色小镇新增建设用地指标报批难度大、报批周期较长，浙江省、广东省等经济发达地区的情况更为突出，在调研的特色小镇中，超过 80% 的小镇存在土地指标不足的问题。土地要素保障仍是特色小（城）镇建设发展过程中亟待破解的难题。

第六章
促进特色小（城）镇
健康发展的对策与建议

一、深耕特色产业，激发特色小（城）镇蓬勃生机

深耕特色产业，让特色小（城）镇真正"特"起来。在特色小（城）镇建设过程中，要突出主导产业带动作用，深挖每个特色小（城）镇最有基础、最具潜力、最能成长的特色产业，打造出独特的产业生态，形成规模效应，发挥集聚优势，做到"以产立镇、以产带镇、以产兴镇"。

立足特色小镇和小城镇优势条件，推动"小城镇 +"，大力培育特色主导产业，加快形成分工明确、特色鲜明、优势互补的城镇产业发展新格局。在特色产业培育过程中，选准特色产业，遵循培育要求，将战略的注意力集中于产业链思维上，挖掘深加工潜力，延伸产业链条，打造具有核心竞争力和可持续发展的独特产业，防止特色小镇"千镇一面"。发挥规模效益，提高"低成本生产优势"和"低成本运作优势"，在产业研究、产业应用、产业服务、产业营销等方面形成集群发展态势，保持竞争优势，持续稳定发展。

推动传统产业转型升级，促进存量产业"有中生新"。充分挖掘自身经济、文化、生态等特色资源，紧扣消费热点，运用互联网、大数据、人工智能等新技术推动传统产业转型升级。实施"互联网+""农业+""旅游+"，实现传统产业、传统技艺线上线下融合发展，使其焕发新的生机活力。

二、强化生态建设，促进特色小（城）镇可持续发展

坚持以人为本，建设优美宜居的生态环境。在特色小镇和小城镇的建设、培育、实施各个阶段，必须把"绿水青山就是金山银山"的理念放在首位，在特色小（城）镇的产业项目、基础设施、社区配套、功能布局、建设模式以及体制机制等各个领域、各个要素方面都要坚持绿色发展、循环发展、低碳发展，保护城镇特色景观资源，加强环境综合整治，构建生态网络。深入开展大气污染、水污染、土壤污染防治行动，溯源追责、倒逼防控、系统治理，带动城镇生态环境质量全面改善。

坚持宣传引导，营造浓厚的生态文化和生态创建氛围。建设特色小（城）镇过程中必须提高公众的生态意识，明确自身应负的环境责任，改变传统的消费方式，增强区域自我调节能力，维持特色小（城）镇生态系统的高质量运行。以顶层设计为引领，鼓励特色小（城）镇高起点、高水平制定绿色建筑规划，借助机制创新、宣传教育等手段，引导社会资源适当倾斜，调动社会民众参与积极性，形成推进绿色、生态建设的合力。

三、拓宽融资渠道，增强特色小（城）镇发展保障

要解决企业融资难问题，应该要积极创新融资运作模式，激发市场主体活力和企业家创造力，主动谋求与民营企业、当地居民、外商等投资主体合作，以多种方式参与特色小（城）镇的基础设施、配套工程建设，积极推广 PPP 模式，加快形成多渠道投融资机制。

创新担保贷款机制，发展互联网融资。要加快建立和完善特色小镇运营企业的信用担保制度，建立良好的信用档案，通过政府、金融机构、评估机构等联合对企业信用度进行评级，以完善的征信评价方式，开拓互联网融资渠道，实现由传统银行商业贷款向社会化融资贷款机制的转变。支持各级产业基金扶持特色小镇产业项目，积极探索建立特色小镇发展基金运营模式，通过政府财政补助或返还、银行等金融中介机构参与等形式壮大特色小（城）镇发展基金规模，对重点产业进行专项扶持。完善政银企对接服务平台，为特色产业发展及基础设施建设提供融资支持，为打造更多精品特色小（城）镇提供资金保障。

四、建设宜居环境，提高特色小（城）镇聚才能力

要实现特色小（城）镇可持续发展，需要注意促进"产、城、人、文"有机结合，其中"人"是一项重要因素，除了吸引大学、科研院所、国家和省工程技术中心、重点实验室入驻等高端要素，以及聚焦研发、设计、营销等高端环节外，还需要促进产业链和人才链的耦合，做到才有所用。

另外，还需强化特色小（城）镇基础设施，增加其公共服务新供给。

根据地区常住人口增长情况，加强特色小（城）镇交通、能源、信息、市政等基础设施建设，统筹布局学校、医疗卫生机构、文化体育场所等公共服务设施，扩大地区人口容纳量；推进小（城）镇土地集约混合使用，增加商业商务、休闲娱乐、创业创新、高端服务等城市功能，实现生产、生活、生态的有机融合，提高高层次人才到特色小（城）镇就业、创业、生活的吸引力。

五、合理利用土地，统筹特色小（城）镇发展空间

坚持土地规划引导和底盘管控作用，根据城乡统筹发展和农村三次产业融合发展等总体部署，以镇、村土地利用规划为依据，发挥其引导和管控作用，合理确定特色小（城）镇的规模和发展边界。坚持土地资源节约集约利用，坚持"内涵挖潜"的资源利用，摒弃"外延扩张"的粗放利用。

完善土地利用机制。建立城镇低效用地再开发激励机制，制定灵活的用地政策，加强现有政策整合力度，盘活存量建设用地，结合地方发展实际，进行政策灵活创新。允许部分小镇将开放性空间、绿地广场、非硬化地面的闲置空间等类型用地纳入非建设用地管理，通过建设用地指标腾挪，平衡特色小（城）镇土地指标，推动其合理有序发展。

六、汇聚三方合力，推动特色小（城）镇高质量发展

特色小镇建设要实现高质量发展，需要处理好政府、企业、市场三

方之间的关系。建设特色小镇应强化"市场驱动"，淡化"行政驱动"，坚持政府引导、企业主体、市场化运作的原则，凸显企业主体地位，充分发挥市场在资源配置中的决定性作用，加强政府引导和服务保障，在规划编制、平台搭建、机制保障、服务提供等方面更好地发挥作用。探索组建由政府充当"有限合伙人"、其他主体共同决策的特色小镇建设组织机构，以多元方式引导各方主体参与产业发展、基础设施建设、资源开发、生态保护等全方位建设，汇聚特色小（城）镇建设的多方合力。

在特色小（城）镇的建设过程中，要充分发挥市场的决定性作用，更好地发挥政府的引导作用，进一步发挥好企业的主体作用与社会资本的保障作用，建立健全特色小（城）镇高质量发展机制，把特色小（城）镇建设推向新高度。

第二篇

中国特色小镇 50 强荟萃

第七章
浙江篇（18 个）

◆ 衢州市开化县根缘小镇

根缘小镇（见图 7-1）是浙江省第一批特色小镇创建单位之一，位于开化县城乡接合部，规划面积为 3.78 平方公里，建设用地面积为 1.12 平方公里。小镇立足浙江历史经典产业——开化根雕的传承和发展，依托开化根宫佛国国家 AAAAA 级旅游景区，以根雕文化产业为核心，延伸根雕产业链条，完善和丰富旅游功能业态，推进特色文化产业集聚发展，全力打造集全国根雕乃至木雕之大成的根艺之城。

以根艺为特色，以旅游为主导。目前，小镇与多家国内外知名旅游企业、旅行社、旅游景区签约合作，引进和集聚了中国工艺美术协会根雕专业委员会等一大批根艺企业、行业协会入驻，带动了根雕企业的发展壮大，根雕产业的"规模效应"正在显现。

如今，小镇已建成国内规模最大、工艺水平最高，以根雕艺术为主题的文化旅游景区，享有"今天的精品、明天的文物、后天的遗产""世界文化新遗产"等美誉，以及"国家文化产业示范基地""国家生态文明教育基地""中国雕塑院根雕创作实践基地"等殊荣。截至 2019 年 5

图 7-1　根缘小镇鸟瞰图

图片来源："开化根缘小镇"微信公众号。

月底，小镇已累计完成固定资产投资 31.28 亿元，其中特色产业投资占比 90.87%，非政府性投资占比 82.36%。2019 年 9 月，小镇被正式命名为浙江省第三批省级特色小镇，成为衢州市首个被命名的省级特色小镇。未来，小镇将致力于打造浙江省大花园建设和文旅产业发展的"金名片"、国际旅游的知名目的地、世界根艺文化交流中心。

◆ 丽水市莲都区古堰画乡小镇

古堰画乡小镇（见图 7-2）总面积为 15.53 平方公里，核心区面积为 3.91 平方公里。小镇以瓯江江畔各具特色的田园乡村、港埠集镇为基础，利用油画产业链的服务化延伸，结合千年古堰、千年古窑址，形成综合吸引力；以休闲度假为主导功能，以"三基地一中心"（美术写生基地、油画创作基地、行画生产基地、生态休闲度假中心）为战略主抓手，围绕"旅、艺、创"融合发展的思路，打造文化艺术型产业特色小镇。

围绕"油画""古堰""音乐"等文化主题，小镇近年来先后举办了首届中国写生大会及作品展、丽水"巴比松"国际研讨会暨 2019 古堰画乡小镇艺术节等颇具影响力的文化活动，共谋划实施项目 82 个，完成了对艺术小镇的全面升级。

旅游是小镇发展的核心产业。在功能定位及产品体系设计方面，小镇紧扣"乡愁与艺术"主题，以养生度假、湿地观光、文化体验为主导，引入高端养生度假设施与活动，培育文化休闲产业链，构建古堰文化体验、艺术文化休闲度假和原乡生态休闲三大旅游产品体系。目前，小镇

图 7-2　古堰画乡小镇近景图

图片来源："丽水古堰画乡"微信公众号。

已获得"最美乡愁艺术小镇""首批中国乡村旅游创客示范基地""国家AAAA 级旅游景区"等荣誉称号。据统计，小镇每年平均吸引游客超170 万人次。

截至 2019 年年底，近 300 名创客及 108 家画家企业签约入驻小镇，全国近 300 家高等院校在此建立艺术教育实践基地，年接待写生创作者15 万人次以上，油画产业年产值达到 1.2 亿元。小镇及周边民宿、农家乐共有 156 家，餐位有 6930 个，床位有 2809 个，节假日民宿平均入住率达 70% 以上，解决就业 350 余人。

未来，小镇将努力建成国家 AAAAA 级旅游景区，打造国际知名的特色小镇，力争成为全国深化城镇基础设施投融资模式创新先行示范区。

◆ 金华市磐安县江南药镇

江南药镇（见图 7-3）位于磐安新城区，区位优势明显。小镇规划了中药材种植基地建设、中药材精深加工、中药材市场商贸流通、旅游保健、商贸服务、休闲养生及配套基础设施 7 大类 32 个项目，总投资76.7 亿元，力争打造一座集药材天地、医疗高地、养生福地、旅游胜地于一体的浙江省级特色小镇"标杆镇"。

在 2016 年、2017 年、2018 年浙江省特色小镇考核中，小镇连续三年获评优秀，是金华市唯一的优秀小镇。小镇基础设施日益完善，区块内道路交通和投资环境优化明显。高端要素加快汇聚：已引进中国科学院院士 1 名，"国千人才" 7 名，省级以上大师 5 名，省级非遗传承人 5 名，建立了"国千专家"大健康产业研究院，与多家药企开展科研项目合作研发，与 18 家高校、省级研究院开展中药研究技术合作；形态功能有效融合：建成中药产业创新服务综合体，服务功能得到较大优化；特色产业集聚效益明显：拥有 4 家国家级高新技术企业，已有 95 家中药制药、配方颗粒、饮片加工企业入驻。重点项目稳步推进。国药文化城、药文化园、康体养生园等项目正在推进。小镇业态日益丰富：投资 7.5 亿元建设"浙八味"药材城，是目前长三角地区设施最好、规模最大、种类丰富、质量上乘的大型中药材集散中心。目前，该药材城已入驻企业 765 家。2019 年，完成交易额 26 亿元，旅客达 60.7 万人次。

图 7-3　江南药镇远景图

图片来源：由江南药镇提供。

　　未来，小镇将积极推动中药材产业转型升级和中医药文化传承发展，致力于打造成省内一流、全国知名的药材天地、医疗高地、养生福地和旅游胜地。

◆ 湖州市德清县地理信息小镇

　　地理信息小镇（见图 7-4）位于湖州市德清县莫干山国家高新区，总规划面积为 3.68 平方公里，核心区面积为 1.31 平方公里。小镇 2015

图 7-4　地理信息小镇鸟瞰图

图片来源："地理信息小镇"微信公众号。

Small Town with Chinese Characteristics

年入选浙江省首批特色小镇，随后进入地理信息融合发展的快车道，名企、名家、名人、名校纷至沓来，有效促进了相关产业发展。

为促进企业发展，小镇制定出台全国首个《地理信息企业培大育强三年行动计划》。目前，小镇已引进地理信息相关企业 300 余家：全球最大北斗地基增强系统运营商——千寻位置、亚洲最大 GIS 龙头企业——超图软件、国内首家全产业链商业航天遥感卫星企业——长光卫星、农业植保无人机行业领头羊——极飞地理等一大批行业领军企业。此外，小镇还引进中国科学院微波特性测量实验室、武汉大学技术转移中心、浙江大学遥感与 GIS 创新中心等科技创新载体，形成了涵盖数据获取、处理、应用、服务等功能的完整产业链。

截至 2019 年年底，小镇已集聚各类创业团队 67 个、创业创新人才 2000 余人，引进院士专家 10 人、"国省千人才" 23 人。同时，与长三角 15 所院校合作共建大学生就业实践基地、创新创业基地；与武汉大学测绘学院签约共建成果转化基地，定向培养专业人才。目前，小镇已成为地理信息产业的"人才洼地"和"创新高地"。

全国首个民营企业投资的雷达卫星地面接收站投入运行，全国首颗以县域命名的"德清一号"遥感卫星成功发射……未来，德清地理信息小镇将走在地理信息领域发展前沿，继续引领产业变革。

◆ 杭州市建德市航空小镇

航空小镇（见图 7-5）位于建德市西南，规划面积为 3.57 平方公里，建设用地面积为 1.39 平方公里。小镇以"通航产业浙江样板""国家级通航产业综合示范区""国际知名通航休闲旅游目的地"为发展定

图 7-5　建德航空小镇近景图

图片来源："建德航空小镇"微信公众号。

位，以发展航空运营和航空主题乐园等服务业为切入点，通过传播航空文化、营造航空氛围，逐步发展并形成通航制造、通航服务和通航休闲旅游等通航全产业链。

近年来，小镇已相继引进浙江省机场集团通航产业总部、中航材浙江省航空应急救援中心、浙江传媒学院航空学院、虹湾通航维修基地、恒大温泉等数十个项目涵盖科研运营、休闲旅游、通航制造等领域。其中，通航制造项目的引入，填补了小镇通航制造板块招商的空白，进一步推动小镇打造通航全产业链。截至目前，小镇共引进 5000 万元以上项目 45 个，总投资额为 197 亿元，其中已落地项目 30 个，总投资额为 125.6 亿元。

2019 年，航空小镇成功与中国联通、上海产业技术研究院浙江创新院合作，志在打造全国首个"5G+ 航空智慧小镇"。未来，小镇在 5G 应用场景方面，将推出无人车、巡航机器人、智慧交通等项目，实现 5G 全覆盖；在社区治理上，将进一步赋予智能管理、智能服务、智能生活等场景，打造 5G 航空未来社区。

◆ 湖州市长兴县新能源小镇

新能源小镇（见图 7-6）坐落在长兴县画溪街道，总规划面积为 3.3 平方公里，其中重点建设区域面积为 1.2 平方公里。小镇重点聚焦新型电池、新能源汽车、太阳能光热光伏等新能源产业，致力于打造成中国新能源研发创新先导区、新能源产业集群集聚示范区、新能源产品集中示范区、新能源低碳生活体验区和国家 AAA 级以上旅游景区。

小镇依托吉利汽车长兴项目，以电动化、轻量化、车联网等为切入点，积极引进新能源汽车关键零部件领域创新型企业，推动产业逐步向新能源汽车领域扩展。2019 年 11 月，长兴县委、县政府正式发布小镇"再出发"三年行动方案：依托以长兴新能源小镇为主体创建的长兴新能源装备高新技术产业园区，重点发展新能源汽车及关键零部件、新型电池、太阳能光伏光热和智能装备四大主导产业，及以研发设计、技术转移、创业孵化、科技金融服务等为内容的科技服务业。

截至 2020 年 3 月，新能源小镇新增 4 个新能源产业项目，投资总额近 20 亿元。其中，投资额达 10.5 亿元的新能源换电站系统建设项目，成为小镇创建以来的第二大项目。目前，小镇已签约 1 亿元以上项目有 13 个，投资总额近 30 亿元。

未来，新能源小镇将着力建设新能源高端产业集聚区、创新要素协

图 7-6　新能源小镇远景图

图片来源：由新能源小镇提供。

同区、亩均效益领跑区、产城融合示范区、投产达产高效区，全力打造"质量优、创新强、产业特、活力足、影响大"的特色小镇 2.0 版。

◆ 绍兴市诸暨市袜艺小镇

　　袜艺小镇（见图 7-7）位于诸暨市大唐街道。从空中俯瞰，袜艺小镇犹如一只巨大的"袜子"铺陈开来，是全球唯一以袜子为图腾的特色小镇。

　　袜艺小镇属时尚产业类小镇，以发展袜艺产业为核心。近年来，小镇在创建工作方面取得显著成绩：累计投资 55.55 亿元，其中特色产业投资占比为 80.56%，规模以上工业总产值年均增长 14.5%，税收年均增长 20.1%。借助特色小镇这个发展载体，袜艺小镇以研发升级、机器换人、电商换市、市场整治、金融创新为手段，促进袜艺产业提档升级，构建全新的袜业"生态链"。在《2019 胡润全球袜业企业创新百强榜》上，共有 36 家中国企业上榜，其中 26 家在诸暨市。同时，大唐袜业区域品牌价值估值高达 1100 亿元。

图 7-7　袜艺小镇近景图

图片来源："诸暨大唐袜艺小镇"微信公众号。

　　目前，努力走向制造业"微笑曲线"两端的袜艺小镇，已成立大唐袜业大数据中心和世界袜业设计中心，并联合 20 多所纺织高校院所，集聚了全球各地的优秀设计人才，力争成为全球最先进的袜业制造中心、最顶尖的袜业文化中心和全球唯一的袜业旅游目的地。

◆ 杭州市余杭区梦想小镇

　　梦想小镇（见图 7-8）位于杭州未来科技城中心位置，具有重要的战略地位。小镇规划面积为 3 平方公里，总投资额为 40 亿元。

图 7-8　梦想小镇远景图

图片来源：由杭州数亮科技股份有限公司提供。

在省级特色小镇培育之初，梦想小镇就确立了产业与旅游两翼齐飞的目标。在省、市、区旅游部门指导下，致力于打造成一个集产业、旅游、文化、社区功能于一体的特色小镇。2019 年，梦想小镇顺利入选国家发展改革委推广的"第一轮全国特色小镇典型经验"名单。此外，小镇还被评定为国家 AAAA 级旅游景区，这是余杭区首个成功创建国家 AAAA 级旅游景区的省级特色小镇。

浙商成长基金、物产基金、龙旗科技、海邦基金、暾澜基金等一大批私募股权投资（PE）、风险投资（VC）、天使投资机构快速集聚。小镇双创生态的打造吸引了各类社会资本参与创新创业，目前已累计集聚各类资本管理机构 1419 余家，管理资本 3040 亿元。

至今，小镇相继举办中国（杭州）财富管理论坛、中国青年互联网创业大赛、中国互联网品牌盛典、中国研究生电子设计大赛等活动1402 场，参与人数 19.4 万人次，吸引了中央电视台、德国电视一台、西班牙国家电视台、日本 NHK 电视台、《人民日报》等媒体密集报道。同时，小镇累计引进深圳紫金港创客、良仓孵化器等知名孵化器及 500 Startups、Plug & Play 两家美国硅谷平台落户，集聚创业项目 2136 个、创业人才 18200 名，形成了一支以阿里系、浙大系、海归系、浙商系为代表的创业队伍。其中，166 个项目获得 100 万元以上融资额，融资总额达 110 亿元。

未来，梦想小镇将坚持"互融互通、共建共享"发展思路，牢牢抓住长三角一体化发展重大机遇，聚焦科技创新、创意文化、现代金融三大产业领域，充分发挥杭州创新创业活力和产业化优势，打造双创平台。

◆ 杭州市余杭区艺尚小镇

艺尚小镇（见图 7-9）位于杭州市余杭区临平副城，总规划面积为3 平方公里，启动区面积为 1.2 平方公里，在空间格局上着力打造"一中心三街区"，是浙江省第一个时尚产业类特色小镇。

小镇借力区位优势、人口红利和体制机制活力，在产业发展方向上以时尚服装（杭派女装）为主，集聚时尚设计发布、教育培训、产业拓展、旅游休闲、跨境电子商务和金融商务六大功能；以国际时尚人才集聚中心、国际时尚创意交汇中心、国际时尚产业领导中心为目标，打造

图 7-9　艺尚小镇远景图

图片来源：由艺尚小镇提供。

中国时尚产业新地标。2019 年，小镇已建成 4 个创业实践和孵化基地，集聚时尚企业 855 家、原创设计师 2600 余名，实现税收 12.8 亿元，成为全国首批纺织服装创意设计试点园区、浙江省特色小镇、浙江省标杆小镇。

2019 年 3 月，艺尚小镇与韩国釜山设计中心签订战略合作协议，重点引进以韩国 ELAND、西班牙 MANGO 等为代表的一批国际化时尚企业总部，逐步建立国际品牌集群；2019 年 6 月，小镇成功举办中国时尚行业双创大会，全国首条轻奢主题街区顺利落地；2019 年 12 月，金麦奖颁奖盛典暨中国（余杭）数字经济峰会在艺尚小镇成功举办。经过多年建设和发展，小镇已成为中国服装行业"十三五"创新示范基地、亚洲时尚设计师中国创业基地。

未来，小镇将紧紧围绕产业总部、人才、科技、教育、文化、国际六大战略板块，结合小镇发展规划路径，重点引入数字化创新时尚总部企业，推动时尚产业向高端化、智能化、科技化、数字化转型，为观展者呈现一个数字时尚新高地。

◆ 杭州市余杭区梦栖小镇

取意"设计梦想栖息之地"的梦栖小镇（见图 7-10）坐落于世界设计的发源地——良渚。小镇核心规划区域面积为 2.96 平方公里，其中绿地、水面为 0.81 平方公里，建设用地为 0.75 平方公里。梦栖小镇

图 7-10　梦栖小镇鸟瞰图

图片来源：由梦栖小镇提供。

以多元、包容、开放、跨界为引领，以创意、创新、创造为重点，紧盯高端装备制造前端的工业设计，兼顾智能设计、商业设计等各类设计产业，重点实施"科技、人才、文化、金融"战略，全力打造一座国际级的"设计奥斯卡"小镇，成为设计创新先导区、设计创客朝圣地、设计经济的新蓝海。

目前，已建成良渚高新技术产业园、良渚大学科技园等 6 个区级科创园区和玉鸟流苏创业产业园、梦栖小镇设计中心等 7 个区级文创园区。仅 2019 年上半年，梦栖小镇就完成投资 67.67 亿元，集聚设计产业项目 452 个，吸引了 2860 余名工业设计人才、50 余名海外高层次人才。

全国首个工业设计知识产权公共服务平台的落户，为小镇工业设计企业提供知识产权创新、运营保护及知识产权库等多项优质服务，为区域乃至全国工业设计产业创新发展提供有力支撑。

未来，小镇将与中国工业设计协会、浙江省工业设计协会深化合作，依照"逐步整合、逐步投用"的思路，通过整合现有资源、提升改造、新增空间三个层面，打造小镇创新设计区三大板块，最终形成约 80 万平方米体量的众创空间。

◆ 杭州市萧山区信息港小镇

信息港小镇（见图 7-11）地处国家级萧山经济技术开发区核心区域，规划面积为 3.04 平方公里。小镇以杭州湾信息港为主要载体，新一代信息技术为主导，"互联网 +"为特色，围绕"信息改变生活"这一主题，旨在打造成为萧山区两化深度融合的主平台、杭州互联网经济的新硅谷、跨境电商的先行区。

自 2016 年入选浙江省第二批省级特色小镇创建名单以来，信息港小镇先后获评"国家级科技企业孵化器""国家小微企业双创示范基地""国家级众创空间""国家 AAA 级旅游景区""国家级中小企业公共服务示范平台""省级优秀特色创建小镇"等称号。

随着项目和人才的不断涌入，信息港小镇重点布局数字经济、生命健康、集成电路三大产业板块。目前，信息港六期南区块已顺利结顶，预计 2020 年内建成使用；七期已完成设计招标工作，预计 2022 年投入使用。此外，湾区数字公园、杭州集成电路设计产业园、浙江长三角生

图 7-11　信息港小镇近景图

图片来源：由信息港小镇提供。

物医药国际合作产业园等众多创新空间精心布局，将成为小镇新的"创新之港、山水之谷、生态之洲"。

东风裕隆、先临科技、国辰机器人、灵康控股、华澜微集成电路产业园、微医国际医学中心、优捷特、歌礼总部大楼及国际肝病中心蓄势待发……未来，小镇将形成数字经济、人工智能和生物医药大健康等新兴产业聚集的又一创业创新高地。

◆ 绍兴市新昌县智能装备小镇

智能装备小镇（见图 7-12）位于新昌高新技术产业园区，占地面积为 3.46 平方公里。小镇以高端化、智能化、绿色化为主攻方向，推动信息技术与装备制造融合发展，嫁接新昌唐诗之路、佛教之旅、茶道之源等特色文化，融合工业旅游和文化休闲旅游功能，形成了"小镇大产业、小镇大科技、小镇大创新、小镇大智慧"发展局面。

2016 年 1 月，小镇被列入浙江省第二批省级特色小镇创建名单。2019 年，小镇被浙江省人民政府命名为第三批省级特色小镇。

当前，小镇正全力打造浙江省产业特色鲜明、创新能力强劲、产业配套完备、生态环境优美的智能装备制造小镇，努力构筑"一核五区"空间布局架构：一个核心区，包括小镇客厅、邻里中心、中小微科技企业创业园；五大产业功能区，包括布局航空智能装备、制冷环保智能装备、交通运输智能装备、纺织印染智能装备、家居建材智能装备。

未来，小镇将坚持走产业高端化道路，持续优化产业结构，继续做优产业布局，向高端产业、开放发展、生态包容的发展模式进阶，努力打造全省乃至全国的特色小镇标杆。

图 7-12　智能装备小镇鸟瞰图

图片来源：由智能装备小镇提供。

◆ 杭州市上城区玉皇山南基金小镇

　　玉皇山南基金小镇（见图 7-13）位于杭州市上城区，坐落于南宋皇城遗址核心区内。小镇面积为 5 平方公里，产业核心区面积为 3 平方公里，是浙江省首批重点推进的特色小镇。小镇资源类型丰富，文化底蕴深厚，景观建筑资源突出，观赏游憩价值较高，集地文景观、水域风光、生态景观、遗址遗迹、建筑设施于一体，构筑成一个独特的"金融＋旅游"休闲旅游共同体。

　　小镇创建至今总资产管理规模达 11200 亿元，税收超 60 亿元，投向实体经济 3800 亿元，投资项目 1418 个，成功扶持培育 112 家公司上

图 7-13　玉皇山南基金小镇近景图

图片来源：由杭州数亮科技股份有限公司提供。

市，已成为浙江省推进供给侧结构性改革和促进经济转型的重要平台。

目前，小镇已累计吸引国内外专业金融人才逾 5000 人，其中研究生及以上高学历人才 1736 人，海归人才 600 余人。在金融风险防控方面，小镇成立"金融法庭"、检察工作站和金融法律服务中心，为企业提供"一站式"金融法律服务。2019 年，浙江玉皇山南投资管理有限公司成功入围"全国私募资产配置管理人"名单，全国仅有三席。

为进一步扩大国际影响力，玉皇山南基金小镇将加强与美国格林威治基金小镇等境外领先金融集聚区的联系，以成立海外代表处、举办全球金融峰会、建立姐妹城区等形式，招引海外项目入境，大力推动国内机构走向世界。

◆ 绍兴市上虞区 e 游小镇

e 游小镇（见图 7-14）位于绍兴市上虞区城乡接合部，东临浙江省八大水系之一的曹娥江，北接古老的杭甬运河，总规划面积约为 2.8 平方公里，核心区块面积约为 1 平方公里。小镇规划打造"一轴三心四区"，即以串联各功能区的复兴路为轴线，以小镇客厅、互联网创新中心、文化竞技中心为三个中心，按照"区域联动、中心构筑、轴带串联、水绿渗透"的思路，着力打造游戏综合体验区、互联网创意产业区、文化艺术展示区和生活配套服务区四个功能区域。

小镇以游戏、影视、电竞、动漫为主体，目前已落户泛娱乐互联网企业达数百余家，除了以盛趣游戏、金科网络等为代表的大型企业外，还聚集一大批具有专业技术与超强活力的中小企业和初创企业，基本形成了一个完整的数字游戏产业链。

2016 年，e 游小镇成功入围浙江第二批省级特色小镇创建名单；2019 年，e 游小镇建设发展迈入新阶段——形成集数字出版、数字视听、数字游戏、数字动漫、数字影视、网络文学等为一体的数字经济新产业；同年 9 月，成功通过浙江省级特色小镇验收命名。

未来，作为上虞区信息经济发展的重要载体，e 游小镇致力于打造成开放包容兼具休闲娱乐的"网络游戏之都"：以科技驱动创新、文化引领创意，完善"数字内容创意产业带"，以集群化、规模化模式建设"网络文化产业重要发展基地"，打造"数字经济产业高地"，助力上虞区完成新一轮产业转型升级。

图 7-14　e 游小镇鸟瞰图

图片来源：由 e 游小镇提供。

◆ 杭州市西湖区龙坞茶镇

　　龙坞茶镇（见图 7-15）位于杭州市西湖区，核心区块面积为 3.2 平方公里，以打造"中国第一茶镇""国家 AAAAA 级旅游景区""国际一流会奖旅游目的地"三位一体的特色小镇为总目标，积极推动茶产业与旅游、文化、科技、艺术会展等产业进行融合，努力打造成全国最大的西湖龙井茶集散地和最具茶文化竞争力的特色小镇。

　　自 2015 年列入浙江省首批特色小镇创建名单以来，龙坞茶镇以"六茶共舞、三产交融"的产业特色为切入点，凝聚各方力量，推进小镇建设。目前，小镇吸引了农夫山泉总部、中国茶产业联盟、浙大茶研所科技转化中心等 150 余家重点特色茶企、茶机构入驻，云集了诸如中国工程院院士陈宗懋、"陆羽奖"获得者戚国伟等 21 位国家级、省级茶专家、匠人。

以"茶旅文化"为主题，小镇于 2017 年、2018 年连续两年被评为中国最受欢迎十大金牌茶旅路线之一。2018 年年底，小镇正式通过国家 AAAA 级景区创建验收，是浙江省首个获评国家 AAAA 级景区的历史经典类特色小镇；2019 年 9 月 26 日，小镇顺利通过验收并被正式命名为"浙江省特色小镇"。

未来，小镇将坚持以建设"中国第一茶镇"为总目标，践行"两山理论"，引领乡村振兴，打造一个涵盖"喝茶、饮（料）茶、吃茶、用茶、玩茶、事茶"全产业链的历史经典特色小镇，成为中国与世界文化交流

图 7-15　龙坞茶镇远景图

图片来源："西湖龙坞茶镇"微信公众号。

的一个重要平台。同时，以打造"国际茶产业会展小镇"和"互联网＋茶产业"平台为抓手，加快实现茶产业三产交融，成为茶产业链全面发展的典范。

◆ 杭州市西湖区艺创小镇

艺创小镇（见图 7-16）地处西湖区之江板块核心地带，规划面积为 3.5 平方公里，由中国美术学院联合浙江音乐学院和西湖区人民政府共同创建。小镇以"三山三校三造"为理念，旨在通过"美育塑造""文创智造""生态织造"三种策略，构建"全球最大的艺术教育社区""全国最强的文创设计航母""全民共享的艺术生活家园"三大目标，打造一个以"总体公园"为风貌、以"总体众创"为内核的"高水平全面建

图 7-16　艺创小镇远景图

图片来源："艺创小镇"微信公众号。

成小康社会"的新文化江南名镇。

艺创小镇以城镇生活片区为中心，分布有象山文创片区和龙山科艺片区，形成"山体＋城镇绿化"生态园产业区。小镇通过开展精准定位招商，引进中国城市雕塑家协会副主席杨奇瑞、乌克兰艺术科学院荣誉院士龙翔等一批国际一流的名人名家。截至 2019 年，小镇累计走访企业 300 余次，有效帮助企业解决问题 200 余项；成功对接项目 100 余个，共引进 100 余名海内外高层次人才，新增 634 家企业入驻。2019 年 9 月，西湖艺创小镇被正式命名为第三批省级特色小镇。

艺术振兴城镇，智造引领众创。未来，小镇将继续以"艺术＋"为核心，联动艺术和科学两大创新力量，围绕象山、龙山、狮山三座山体，依托中国美术学院、浙江音乐学院、西湖大学三所高校，打造全球最大的艺术教育社区。同时，融汇艺术时尚体验、工业遗产之旅、艺术展览、文艺展演等为一体，打造知名文化旅游目的地，最终成为带动全市、辐射全省、影响全国的文创产业集聚区。

◆ 杭州市西湖区云栖小镇

云栖小镇（见图 7-17）地处杭州西湖区西南，属杭州之江国家旅游度假区核心区块内，是浙江省特色小镇的发源地。截至 2019 年 9 月，小镇规划面积为 3.5 平方公里，目前已投入使用 0.2 平方公里产业空间，累计引进企业 1399 家，其中有涉云企业 1005 家。

云栖小镇是依托阿里巴巴云公司和转塘科技经济园区两大平台打造的一个以云生态为主导的产业小镇。通过引进数梦工场、政采云等一大批顶尖涉云企业，运用大数据计算将简单数据变成生产要素，构建"共

图 7-17　云栖小镇近景图

图片来源：由杭州数亮科技股份有限公司提供。

生、共荣、共享"的生态体系，打造"互联网 +"新生态。

　　小镇每年召开城市大脑大会、2050 大会、云栖大会和空天信息大会，随着国科大、西湖大学（云栖校区）、北斗时空研究院、云栖工程院等科研院所的相继落户，全国有近 45% 的云计算大数据产业人才集聚于此。如今，小镇已拥有云计算大数据、空天信息、城市大脑和新制造业等多项领军标签。

　　未来，云栖小镇 2.0 版建设将继续提升产业能级，持续扶持阿里云、数梦工场等重点企业做强做大。同时，大力引进中核环保创新中心、国家医学图像数据平台、博圣生物等行业优势企业，积极培育云计算新生企业，逐步形成"头部企业顶天立地，中小微企业铺天盖地"的生态格局。此外，小镇还将依托"飞天系统"等云计算底层架构，推动空天信息采集云基础设施建设，促进空天信息产业与云计算产业深度融合，实现产业链上下游企业和项目快速集聚，并以航天五院"七中心一基地"项目进驻为引领，推动国防重大工程项目落地应用，加快建立军民两用技术的转化途径。

◆ 嘉兴市秀洲区光伏小镇

光伏小镇（见图 7-18）位于嘉兴市秀洲高新技术产业开发区内，规划面积为 2.9 平方公里，建设用地面积为 1.99 平方公里。2012 年以来，通过不断深化光伏产业基地建设、光伏产业技术创新、光伏产业商业模式创新、光伏产业智能电网局域网建设和光伏产业政策集成创新综合试点工作，探索出分布式光伏应用电站建设、运营和金融方案的"秀洲模式"，被国家能源局推广到全国各省份。2016 年 1 月，光伏小镇入选浙江省第二批特色小镇创建名单；2019 年，光伏小镇被正式命名为"浙江省特色小镇"。

小镇以光伏发电和制造为轴心，以光伏服务和旅游为延展，以实现"处处有光伏、家家用光伏、人人享光伏"为发展理念，定位于建设成为国内一流的分布式光伏发电规模化应用示范区、全球领先的光伏技术研发创新区、全国知名的特色化光伏智能制造中心和全国产业支撑明显的新型城镇标杆。

小镇突出光伏产业"全、用、集、聚、融"：打造光伏全产业链新业态，打造分布式光伏发电应用新模式，打造光伏产业政策集成新高

图 7-18　光伏小镇远景图

图片来源：由光伏小镇提供。

地，打造光伏高端要素集聚新标杆，打造光伏元素融合应用新形态。

未来，小镇将注重打造具有良好人居环境的"产、城、人、文"高度融合的功能复合体，推动光伏小镇产业、文化、旅游、创新创业、社区等功能融合发展。

第八章
广东篇（11 个）

◆ 云浮市新兴县六祖小镇

六祖小镇（见图 8-1）位于新兴县境中南部，总规划面积为 10.08 平方公里，地理位置优越。小镇禅文化底蕴深厚，生态环境优良，旅游资源得天独厚，拥有禅宗六祖惠能三大祖庭之一的国恩寺、龙潭湖湿地公园、禅源湖、芦溪芳甸、藏佛坑等景点。小镇内龙山温泉属稀有的硫氢化物泉，含多种对人体有益的微量元素，在广东省 230 多个温泉中独一无二。2019 年，小镇营收达 22.07 亿元，新增就业人数 352 人，年接待游客 373 万人次。

未来，小镇将紧密围绕"禅文化"主题，构建创新型禅文化产业发展体系，重点向产业"微笑曲线"两端的设计研发和营销服务环节延伸，形成圈层式的产业功能发展结构。

壮大以宗教观光（礼佛）为核心的旅游观光产业。优化提升相关重要景区景点，重点推动藏佛坑、龙潭寺等项目建设；整合旅游资源，打造若干条精品型禅文化主题游览线路；完善旅游咨询服务、智慧旅游等工程；举办诵经、讲法等活动，增强小镇吸引力。

图 8-1　六祖小镇鸟瞰图

图片来源：由六祖小镇提供。

　　大力发展绿色休闲旅游产品。依托当地生态环境和温泉资源，实施高档禅风温泉精品酒店集群、养生馆集群、禅茶文化体验区、农禅园等项目，全力升级食、住、行、游、购、娱六要素，将小镇建设成为国家级旅游度假区。

　　培育健康养生产业。依据小镇资源禀赋、产业基础及健康产业未来发展趋势，重点以医疗服务、健康养老、健康管理、健康信息、健康旅游和文化、健康食品、体育健身七大领域，作为今后小镇健康产业的发展方向；重点打造养生谷、健康养生中心、六祖斋膳坊、禅文化山地公园等项目。

◆ 深圳市龙华区大浪时尚创意小镇

大浪时尚创意小镇（见图 8-2）位于深圳市龙华区大浪街道，总规划面积为 11.97 平方公里。作为龙华区六大重点产业片区之一，小镇已被列入深圳首批城市设计试点单位。

小镇的务实管理理念和浓郁时尚氛围，吸引了玛丝菲尔、歌力思、影儿、珂莱蒂尔、梵思诺、卡尔丹顿等一批知名品牌入驻。同时，爱特爱、艺之卉、沐兰、华兴等时尚总部和企业也落户小镇。截至 2019 年 6 月，小镇入驻时尚企业总数为 513 家（超过 80% 的时尚服饰企业拥有自有品牌），吸纳就业人数过万，拥有发明专利 350 项。其中，中国驰名商标 6 个、广东省名牌产品 17 个、广东省著名商标 9 个。

图 8-2　大浪时尚创意小镇鸟瞰图

图片来源：由大浪时尚创意小镇提供。

小镇至今已获得"国家自主创新示范区""国家外贸转型升级示范基地""全国时尚服饰产业知名品牌示范区""时尚产业集群区域品牌建设试点""中国服装区域品牌试点地区""广东省首批特色小镇创建示范点"等荣誉称号。

未来，小镇将以建设世界级时尚产业集群为目标，依托大浪女装时尚品牌优势、深圳时尚科技优势、粤港澳大湾区的国际商贸流通和消费市场网络优势，聚焦创意设计，着力打造时尚企业总部集聚区、时尚创意人才集聚区、时尚创新中心、时尚发布中心和时尚消费中心，逐步建成时尚总部聚集、设计师汇聚、品牌荟萃、活动突出、消费活跃的时尚产业集群和以原创、设计为特征的世界知名时尚中心。

◆ 梅州市丰顺区留隍潮客小镇

留隍潮客小镇（见图 8-3）居潮州、梅州、揭阳三个地级市之间，于广东省第二大江——韩江一侧。

近年来，小镇坚持生态优先、绿色发展，坚持规划引领，突出产业建镇，紧紧围绕发展定位，抢抓机遇、利用资源、突出重点，因地制宜找准特色，注重统筹谋划、注重产业支撑，扎扎实实推进特色小镇建设，打造"健康、养生、养老、休闲、旅游"特色小镇。

小镇大力推进特色产业发展、文化和品牌建设。2019 年 11 月，首届中医药传承创新（梅州·留隍）峰会在小镇举办，小镇被选为"中医药传承创新峰会"永久会址所在地。小镇将秉承峰会精神，传承精华，守正创新，以一年一度的峰会为交流平台，挖掘世界客都中医药文化资源，为健康中国提供中医智慧，为人类健康提供中医方案。

图8-3 留隍潮客小镇鸟瞰图

图片来源：由留隍潮客小镇提供。

　　未来，小镇将全力推进留隍坚真大桥、留隍镇西区输净水工程、古凤凰溪潮客文化旅游区、康养医院、养生公寓、留隍水利枢纽工程等项目建设，不断完善小镇"生产""生活""生态"功能。

◆ 梅州市梅县雁洋文旅小镇

　　雁洋文旅小镇（见图8-4）位于雁洋镇中心，文化旅游产业特色突出，由客家风情街、叶剑英纪念园、纪念品一条街、创意文化产业园、

图 8-4 雁洋文旅小镇鸟瞰图

图片来源：由雁洋文旅小镇提供。

特色农家乐、观光旅游农业构成，并与周边雁南飞旅游度假村、雁山湖国际花园度假区、灵光寺、桥溪古韵、阴那山旅游度假区等景区联动共同发展。

近年来，小镇大力实施乡村振兴战略，坚持"生态优先、绿色发展"，坚持规划引领，突出产业建镇，着力建设具有客家和地域特色的文旅特色小镇。小镇所在的雁洋镇是叶剑英元帅的故乡、中国第二个国际慢城、广东省中心镇、广东省新型城镇化"2511"综合试点镇，先后获得"全国重点镇""全国文明村镇""中国十大美丽乡镇""广东省旅游名镇"等称号。

2019 年，小镇新增入驻企业 3 家，营业收入 18.3 亿元，新增就业人数 1150 人，年接待游客 588 万人次。

未来，小镇将依托现有梅雁、宝丽华、超华、华银、嘉元、卡莱等企业和雁南飞旅游度假村、雁山湖国际花园度假区、叶剑英纪念园、灵光寺、大观天下、桥溪古韵等景区，深入挖掘产业文化资源，加快完善文化、农业和休闲旅游产业链，促进产业跨界融合发展，打造生态保护与旅游发展互促互融、新型城镇化与文化旅游产业有机结合的发展平台。

◆ 深圳市龙岗区坂田创投小镇

坂田创投小镇（见图 8-5）位于龙岗区坂田星河 WORLD 内，规划面积为 1.39 平方公里。小镇按照"产、城、人、文"有机融合要求，以"集约节约、保护生态、产城协同"为总体规划，建设"两轴三片区"空间结构：创新生产轴、创新生活轴和星河创新服务区、生态休闲区、高端居住区，并按照功能划分规划为创新办公区、人才公寓区、体育公园片区、特色宜居片区、生态休闲区五个功能分区。

小镇以坂田"一核四翼"产业发展布局为基础，发挥已形成的产业孵化、运营服务优势基础，围绕新一代信息技术、人工智能、高端装备、移动互联网、文化创意等战略性新兴产业，在现有运营管理创新投资经验基础上，进一步完善科技创新、运营创新、服务创新、投融资创新、政策创新等创新创业服务体系，重点打造以"创投平台 +5 大主导产业"为主要发展方向的产业孵化培育链条，助力小镇企业发展。2019年，小镇新增入驻企业 200 家，营业收入 300 亿元，新增就业人数达 1万人，年接待游客 1.7 万人次。

未来，小镇将依托特区"文化窗口"优势，打造深圳当代文化策

图 8-5　坂田创投小镇鸟瞰图

图片来源：由坂田创投小镇提供。

源地：着重发挥星河产业创新孵化的全生态空间、国际化资源、垂直孵化、全方位服务、院士导师资源、持股孵化六大特色，积极利用自有投资平台及外部投资对接平台，借力星河文化创客，打造深圳创新创意文化新城。同时，以高端艺术展、学术研究及美学教育，为市民提供一流文化艺术观赏体验，为艺术家、鉴赏家、收藏家提供全方位服务，为当地注入更多文化艺术内涵。

◆ 中山市大涌镇红木文化旅游小镇

红木文化旅游小镇（见图 8-6）位于中山市西南部大涌镇，核心区面积为 3.45 平方公里。小镇以建设全国最具影响力的商贸中心、打造红木产业创新发展示范区、打造世界知名的红木文化体验区、建设高端人才慢享生活乐土为目标。2019 年，小镇新增入驻企业 126 家，营业收入 5.33 亿元，新增就业人数 1015 人，年接待游客 101.2 万人次。

目前，小镇各项建设正在全面推进。项目方面，包括小镇核心项目红博城、红木家居学院等已投入使用，东成家居体验中心、南华产业观光园、锌铁棚改造等项目正在如火如荼地推进；道路方面，凤凰路、中新路、兴涌路等已完成建设配套，全面提升了小镇交通环境；业态方面，在大力推动传统产业优化升级的同时，大力培育"红木＋文化""红木＋旅游"等新业态，办好中山红木文化博览会，重点拓展珠三角零售市场，通过"政府＋协会＋企业"的形式，组团"走出去"参展，开拓国内市场，以"一带一路"倡议为契机，积极谋划与东南亚国家合作，

图 8-6　红木文化旅游小镇远景图

图片来源：由红木文化旅游小镇提供。

积极筹备成立"大涌镇红木家具企业质量信用联盟"，推动行业质量诚信建设，大力推动红木家具行业智能升级工作，引入设计、研发、营销等高端产业链，进一步落实与林科院木工所深度合作，为产业提升发展提供人才支撑和技术支撑，不断优化营商环境。

◆ 佛山市禅城区陶谷小镇（南庄片区）

陶谷小镇（南庄片区）（见图 8-7）位于佛山市禅城区南庄镇，地处珠三角核心区域，交通便利。小镇陶美创意区位于石湾西片区，总面

图 8-7　陶谷小镇（南庄片区）远景图

图片来源：由陶谷小镇（南庄片区）提供。

积为 2.6 平方公里，是陶文化的发源地和中国现代陶瓷工业化起点。小镇以陶文化创意产业、陶瓷产业发展扶持服务为主导，涵盖文化休闲、会展、时尚和文创产业等。小镇建陶创新区位于罗格片区，面积为 1.7 平方公里，是中国建筑陶瓷金融资本、创新技术、物流商贸聚集地，以建筑陶瓷科技创新及陶瓷产业高端服务为主导，涵盖产权交易平台、科技研发与设计、高端制造与服务、陶瓷品牌市场、"互联网 +"全产业链整合平台等。

陶谷小镇（南庄片区）于 2016 年 12 月开建，2018 年 5 月成为第一批广东省特色小镇创建对象；2019 年 1 月，小镇（石湾—南庄）成为第一批全国特色小镇典型案例；2019 年 11 月，小镇被成功列入广东省 2019 年省级特色小镇创建对象创建工作优秀名单。

截至 2019 年年底，小镇入驻企业达 2200 家，吸纳就业 11 万人，完成特色产业投资额 24 亿元，年缴纳税收 29 亿元，发明专利拥有量 550 项。其中，小镇陶美创意区入驻企业 1800 多家，建成超过 30 万平方米的孵化平台，集聚创新创业企业 1000 多家，拥有市级以上陶艺大师 84 位，拥有高新技术企业 72 家、市级以上工程研究中心 15 个。

未来，小镇将继续以设计为引领，抢占产业高地，不断培育发展新经济、新业态、新模式，打造传统与创新并重、设计与产业共融的文化高地、设计高地、产业高地。

◆ 中山市古镇镇灯饰小镇

灯饰小镇（见图 8-8）位于中山、江门、佛山市（顺德区）三市的交会处，毗邻港澳，核心区面积为 5 平方公里。2019 年，小镇新增入

图 8-8　灯饰小镇远景图

图片来源：由灯饰小镇提供。

驻企业超过 1 万家，规模以上企业总产值超过 58 亿元，新增就业人口 7.4 万人，年接待游客 500 万人次。

小镇积极践行绿色发展理念，整合灯饰产业、休闲农业和生态资源板块，推动全域旅游建设。以"买灯、赏灯"为主题，培育一批旅游专线精品，借助高聚合的商业购物中心优势，开辟以灯都生态公园、华艺广场、星光联盟、灯文化博物馆、龙泉博物馆等为节点的常态旅游专线。此外，小镇全面启动湿地公园和绿地系统项目建设，推动全域旅游向"旅游＋灯饰＋生态"多元化融合转型。

在社会管理机制上，小镇重点突出共建共享，创建搭建全民平台、技防平台、自治平台、基层平台、民生平台、协管平台六大平台，实践基层现代化治理，做到万众参与、和谐善治、造福全民。

未来，小镇将坚持"产、城、人、文"融合发展理念，实施"灯饰特色产业核心、文化底蕴核心、全域特色旅游核心、特色社会服务管理核心"四大核心战略，推动产业、城市、社会三大转型升级，全面营造宜居宜业宜游的优质城镇生产生活环境，建成一批定位清晰、特色分明的功能区域。

◆ 潮州市潮安区太安堂医养小镇

太安堂医养小镇（见图 8-9）总规划用地面积为 3.33 平方公里，拥有国内首个以国家级非物质文化遗产项目为主题的非遗博物院，博物院与位于太安堂发源地井里村的"岐黄第一村"共同形成独具特色的中医

图 8-9　太安堂医养小镇远景图

图片来源：由太安堂医养小镇提供。

药文化、大健康养生、旅游品牌，成为地标名片。

围绕中医药核心产业，小镇集聚生命科学、生物医药高端资源要素，加强引进和培育一批引领性强、成长性高的项目，不断深化中医药产业布局，建立集中草药加工、中药材贸易、中药研发、中药智能制造、医药物流、电子商务、商务终端、医学教育为一体的中医药全产业链。

目前，小镇已建成国内首个中药丸剂智能化无人生产车间、粤东地区首个中药自动化智能提取中心。太安堂中医药科技馆，则是太安堂精心打造的中医药文化地标建筑，集中展示太安堂传统中医药与前沿高科技交汇融合的硕果。

未来，小镇将依托温泉、矿泉的独特优势，融合太安堂中医药文化、传统医学和现代数字高科技融合的中医药养生手段，建设国际温泉养生城，创立数字公民养生谷，培育全生命周期健康服务，打造高端体检医疗服务平台和科学生态的康养环境，建设养生社区。同时，大力发展健康产业，奠定小镇"大医疗＋大养生"发展格局，优化小镇医疗养生综合服务能力和旅游接待能力。

◆ 佛山市顺德区北滘镇智造小镇

北滘镇智造小镇（见图 8-10）位于佛山市顺德区北滘镇中部，是广州主城区、佛山新城、顺德主城区三城交会处，区位交通条件优越。

2019 年，小镇新增入驻企业 245 家，营业收入达到 1626 亿元，新增就业人口 1286 人，年接待游客 32 万人次。

围绕特色小镇建设总体规划，小镇坚持"政府引导、企业主体、市场化运作"原则，构建政府、企业、社会协同共建的框架体系。此外，

图 8-10　智造小镇远景图

图片来源：由智造小镇提供。

小镇充分利用区域优秀文化资源，打造开放包容的城市文化生态。2019年，北滘文化中心、市民活动中心、和园全年举办各类活动 2195 场次，成功培育包括华语传媒文学大奖、星海之夜、仲夏音乐节、"阅读北滘"文化工程等活动品牌。

　　未来，小镇将对标市民的美好生活需求，努力营造有活力、有温度的城市环境和社会氛围，打造宜创宜业、宜居宜游、"近者悦远者来"的特色小镇。同时，积极建设高品质、高颜值的"城市客厅"，科学配置文化中心、市民活动中心、岭南园林等科教文化阵地，丰富河堤公园、体育公园等公共空间，筹建自然科学馆、美术馆等载体，连片打造独具北滘特色的高端城市客厅。

◆ 佛山市南海区千灯湖创投小镇

千灯湖创投小镇（见图 8-11）位于广佛都市圈黄金节点，与广州基本实现同城生活。借助广州南站这一华南高铁枢纽，距香港西九龙仅48 分钟高铁，距澳门 50 分钟高铁，可实现一小时港澳生活圈。

小镇精心规划布局四大片区：小镇核心区作为创新创业孵化与展示区，承业大厦、亿能创业大厦与中盛大厦作为基金链集聚区，佛山众创

图 8-11　千灯湖创投小镇鸟瞰图

图片来源：由千灯湖创投小镇提供。

金融街作为金融服务功能区,四大片区合力共铸优质的金融生态圈。目前,小镇集聚效应初见成效,已拥有广东高校成果转化中心、南海区港澳台及海外留学青年创新创业基地、广东金融高新区"区块链+"金融科技产业孵化中心、英诺创新空间等一批重点平台。

小镇围绕佛山本地制造业产业链部署创新创投链,以创新链完善资金链与服务链,以"制造业金融"和金融、科技、产业三融合为发展特色,以构建完善的创投生态圈为发展根本,逐步打造成为具有"特而强""聚而合""精而美"的创新、创业、创投生态圈的特色小镇。

截至 2019 年年底,小镇集聚私募基金类机构 602 家,募集与投资资金规模超 726 亿元,吸引 IDG 资本、深创投、粤科集团、广晟集团、保利资本、雅居乐资本等多家备案基金入驻。小镇范围内的基金机构实际投资额累计达 100.34 亿元,其中投向佛山地区金额达 23.5 亿元。已投项目累计达到 302 个,其中投向佛山地区的项目有 97 个,覆盖互联网、信息服务业、生物医药、环保类、新材料、半导体、高端制造业等国家重点支持产业。

未来,小镇将继续优化创新投融资环境,推动港澳地区技术、资本、创意、人才与本地制造业全方位合作,在粤港澳大湾区树立起金融服务实体经济的模范标杆,助力广东建设国际风投中心。

第九章
安徽篇（9个）

◆ 合肥市经开区南艳湖机器人小镇

南艳湖机器人小镇（见图 9-1）位于国家级合肥经济技术开发区南艳湖畔，总面积为 3.33 平方公里，核心区面积为 1.28 平方公里，是安徽省级特色小镇、合肥市首批市级特色小镇。

小镇采用"1326"产业发展规划路径：核心聚焦"1"大创新研发设计，引导聚集核心零部件、本体制造、系统集成"3"大中间环节，重点延展示范应用和文化教育"2"大下游领域，并通过完善"6"大创新服务体系，打造创新要素枢纽，促进产业联动、产城融合，打造机器人产业生态圈。截至 2019 年年底，小镇已入驻机器人企业 66 家，实现年主导产业产值 5.6 亿元，涵盖机器人研发、生产、行业解决方案等。

小镇以发展高端机器人产业为核心，借力当地智能制造等优势产业，借助清华大学、中国科学院、哈尔滨工业大学、中国科学技术大学等高校、科研院所科教资源，依托合肥启迪科技城机器人产业基地、清华大学合肥公共安全研究院等技术、人才、产业资源，

图 9-1　机器人小镇远景图

图片来源：由机器人小镇提供。

以合肥南艳湖公园与合肥中央公园两大碳汇为生态保障，统筹生产、生活、生态三大布局，打造集研发、产业、教育、生活和科技体验于一体的生态产业小镇，建设新一代机器人创新研制基地、产城融合示范区。同时，联合华为、中国联通推进智慧小镇建设，积极试点 5G 示范应用，成功落户安徽省 5G 工业互联网联盟，建成安徽省首个 5G 基站。

　　未来，小镇将全力打造优质高端的机器人全产业链，加速机器人产业集聚发展，提升产业竞争力，扩大小镇影响力，并致力于打造全省重要的机器人产业创新创业引领区、产城融合示范区、战略性新兴产业集聚区。

◆ 马鞍山市花山区互联网小镇

互联网小镇（见图9-2）位于马鞍山市东部，分西北区和东南区。小镇总面积为3.25平方公里，其中核心区域面积约为1.51平方公里。

小镇以"三廊穿幽，四横五纵串七区"为建设理念。其中，"三廊"指秀山湖自然生态走廊、滨水绿地生态走廊、滨湖绿地生态走廊；"四横、五纵"指规划贴合穿过小镇的横向四条、纵向五条交通干道；"七区"指"互联网+"产业核心区、"互联网+"产业创新区、智慧谷、信息港、金融港、互联网创客社区及配套居住区。

目前，小镇以"互联网+"产业为主导，积极推进互联网科技创新成果与经济社会各领域深度合作，以"科技、创新、人文、生态"四元

图9-2 互联网小镇鸟瞰图

图片来源：由互联网小镇提供。

互动机制为特色，结合服务配套，打造完整的互联网产业体系。

未来，将以"互联网＋"产业为主导，致力于将小镇打造成以互联网产业为核心，集产业研发办公、综合配套、教育培训和文化旅游休闲等功能于一体，彰显马鞍山智造之城、塑造长三角数字化合作样板典范的生态特色小镇。

◆ 黄山市徽州区潜口养生小镇

潜口养生小镇（见图 9-3）位于徽州区潜口镇，总面积为 3.46 平方公里，其中核心区域面积约为 0.82 平方公里。

小镇总体由"一核两轴三区"组成："一核"指中医养疗核心区，为小镇核心区域，是在原有潜口老街风貌的基础上，通过引进知名医疗机构、权威中医专家、专业膳食研究团队、星级服务管理等，打造集医疗健康咨询、健康运动体验、养生食宿、商业配套等多种业态于一体的综合服务区域；"两轴"指养疗产业活力轴和颐养静修体验轴；"三区"分别指禅意静修区、颐养度假区和生态体验区。

小镇立足国内外日益增长的健康需求，依托自身宜人的养生生态环境、深厚的养生文化底蕴，打造集医疗、休闲、娱乐、餐饮、保健、健身、美容等多种功能于一体的综合养生产业。秉承"生态、形态、业态、文态"四态融合的理念，以"原乡生活、徽韵养生"为主题，通过养生产业集聚，推进"养生＋医疗"、旅游、休闲、食品保健发展，加快打造养生主题三大基地。2019 年，小镇入选安徽省首批健康小镇名单。

小镇致力于把健康养生产业培育成新的经济增长点，以建设华东医养名镇为目标，将小镇建设为整个华东地区高端人群向往的颐养天堂。

图 9-3　潜口养生小镇远景图

图片来源：由潜口养生小镇提供。

　　未来，小镇将进一步集聚黄山市独特的养生产业优势资源，依托长三角地区高端人群，借助养疗环境及完善的基础设施，将小镇打造成为长三角地区高知名度、国内较高知名度的医养名镇。

◆ 池州市青阳县九华运动休闲小镇

　　九华运动休闲小镇（见图 9-4）是安徽省第二批特色小镇，是九华山风景区观光旅游的必经之地，总占地面积为 3.2 平方公里，核心建设区域面积为 1 平方公里。境内拥有国家 AAA 级旅游景区两处，区位优越、交通便捷。小镇先后获批"国家运动休闲特色小镇""国家首批健康旅游示范基地""国家体育产业示范园""安徽省首批省级旅游小镇""安徽省首批健康小镇"等称号，同时也成为健康中国论坛永久会址。

按照"产、城、人、文"协调推进的总要求，通过资源整合、项目组合、功能集合，实施差异化发展和产业融合发展战略，小镇加速构建"一轴（形象展示轴）、两带（滨水休闲带、田园风情带）、三片（北部文化体验板块、中部户外休闲板块、南部教育研学板块）、三园（五彩花园、水岸乐园、康养农园）"的空间布局。

图 9-4　九华运动休闲小镇远景图

图片来源：由九华运动休闲小镇提供。

2019 年，小镇品牌赛事规模稳步扩大：成功举办国内知名品牌赛事 5 场，其他赛事活动 30 场，高端特色培训 15 场，累计接待各类赛事人员、培训人员 2 万余人次，吸引游客 87 万余人次，主营业务收入达 6600 万元，带动就业 700 余人。同时，小镇与国家体育总局对外体育交流中心、中国老年人体育协会、安徽省老年人体育协会等 9 个部门签订长期合作协议。

小镇已初步建成集"运动休闲、文化、健康、旅游、培训"等多种功能于一体的全民健身发展平台和运动休闲产业基地。其中，小镇全民健身体育馆、气膜体育馆、九华山门球场等训练场馆已全面建成运营。

未来，小镇将围绕规划建设目标，做大做强运动休闲产业创业创新平台，全面推进运动培训基地、体育运动场馆、体育康养中心及特色运动项目建设，面向国际国内推动运动休闲培训、赛事、峰会、论坛等特色产业活动向高质量、高规格、大体量、大影响迈进。

◆ 宿州市高新技术产业开发区数字小镇

数字小镇（见图 9-5）位于宿州市高新区园区西北，总面积为 3.35 平方公里。2019 年，数字小镇成功入选安徽省第二批 25 个省级特色小镇名单，成为安徽省首家定位数字经济产业体系的省级特色小镇。

小镇重点聚焦基础型、应用型、创新型三大数字产业发展方向，以云计算产业为核心，以数字文化创意、数字智能制造、数字电子商务三大产业为支撑，着力构建基础云、平台云和应用云产业发展模式，并通过完善数字服务和配套服务业，打造完整的数字经济产业体系。在基础云方面，数字小镇汇聚了中国移动、中国电信、中国联通、中国铁塔、

图 9-5　数字小镇远景图

图片来源：由数字小镇提供。

中国通信服务、世纪互联、长城宽带等龙头企业；在平台云方面，入驻了华为、金山、国盾量子等重量级企业；在应用云方面，有阿尔法游戏、赛诚云渲染、贝斯康医学检验等应用云企业。为做大做强小镇数字产业规模奠定了坚实基础，高新区着力加大对龙头企业的扶持力度，在政策扶持、要素保障等方面给予众多支持。同时，小镇加快引进若干在云计算产业、数字文化、数字制造、数字电商、数字服务等板块具有较大发展潜力、较强行业竞争力的规模企业，巩固基地"中间力量"。

　　未来，小镇将贯彻五大发展理念、统筹"三生融合"发展，深入贯彻落实创新、协调、绿色、开放、共享的新发展理念，着力打造国内知名的"数字强镇、人文名镇、魅力美镇"，实现"数字企业集聚、数字产业完善、数字科研领先、数字技术高端、数字服务一流、数字人才高地"的发展目标，致力于将小镇打造成为中国数字经济智慧产业新典范、安徽数字经济智慧产业新高地、宿州数字智慧经济展示新窗口。

◆ 六安市霍山县上土市镇温泉小镇

温泉小镇（见图9-6）位于六安市霍山县上土市镇，背靠大别山主峰白马尖，距合肥新桥国际机场和武汉天河国际机场均约2.5小时车程。2019 年，小镇成功入选安徽省首批健康小镇，同时被安徽省列入"861"

图 9-6　温泉小镇远景图

图片来源：由温泉小镇提供。

重点项目、省旅游工作指导委员会重点联系项目。上土市镇牢固树立"绿水青山就是金山银山"的理念，立足山区实际，大力建设温泉小镇，着力将生态优势转化为生态旅游和乡村旅游的产业优势，切实走出一条绿色发展的新路径。

小镇现有温泉体验中心、水上乐园、"穿越丛林"冒险乐园、帐篷酒店、会议中心、雪月花、悦来居七家品牌酒店，以及商业街、餐饮美食街等建设项目。通过将各个业态有机结合，形成康养、游玩、度假、休闲"一条龙式"的旅游体验服务。

发展生态旅游，让越来越多的群众吃上"旅游饭"、走上富裕路，极大地助推了区域经济发展。今后，小镇将围绕天然的富锶温泉，努力打造全国最具特色的旅游度假小镇。

◆ 淮北市相山区健康食品小镇

健康食品小镇（见图 9-7）坐落于淮北市西郊，总面积为 3.71 平方公里，核心区建设面积为 1.07 平方公里，拥有常住居民 3000 余人。随着工业、服务业、旅游业的发展，带动周边居民就业 6000 余人，年游客接待量达 30 万人次。

伴随食品产业发展步伐的加快，小镇已从传统手工作坊逐渐发展成一个现代食品产业基地。基本形成以嘉士利、金富士、苏太太等龙头企业为主的烘焙休闲食品类，以鲜满多、大海等龙头企业为主的肉制品深加工类，以曦强乳业、今麦郎饮品、鑫乐源食品等龙头企业为主的软饮料类，以完美生物科技、盛美诺生物技术、人良生物科技等龙头企业为主的保健食品类的四大产业集群。

图 9-7　健康食品小镇远景图

图片来源：由健康食品小镇提供。

镇内现有 5 个中国驰名商标、8 家安徽省级农业产业化龙头企业。其中，思朗饼干、曦强乳制品获评"中国好食品"；徽香昱原公司被评为"全国主食加工业示范企业"；鑫乐源食品、金富士食品、贝宝等多家企业被评为省"专精特新"企业。2019 年 4 月，第八届淮北食品工业博览会在小镇举办，吸引澳大利亚、俄罗斯等多个国家 230 余家企业参展，其间共签约投资类项目 19 个，协议投资总额达 50.98 亿元。

小镇围绕"规模、品牌、绿色、健康"的发展理念，延伸健康食品上下游产业链条，集聚人才、技术、资本等高端要素，构筑业态丰富、功能完善、辐射力强的绿色食品产业发展体系。预计到 2022 年，小镇主导产业将实现年产值50亿元、利税3亿元、年游客接待量50万人次，建成全省具有影响力的生产、生活、生态"三生融合"的健康食品小镇，成为推进淮北城市转型发展的重要增长极。

◆ 安庆市岳西县天堂镇中关村·筑梦小镇

中关村·筑梦小镇（见图9-8）位于岳西县天堂镇，总面积为3.4平方公里，核心区面积约为1.2平方公里。镇内拥有中央红军独立二师

图 9-8　中关村·筑梦小镇近景图

图片来源：由中关村·筑梦小镇提供。

司令部旧址（国家 AAA 级旅游景区）和天悦湾（国家 AAAA 级旅游景区）两大旅游景区，以及以司空山、妙道山国家森林公园、鹞落坪国家级自然保护区等为代表的著名旅游景区 20 多处，大小景点 180 多个，为健康旅游、养老、休闲提供了良好的自然环境和得天独厚的天然条件。

截至 2019 年年底，小镇总投资额约 53 亿元。小镇依托"科技+"，借力大数据，将健康科技作为发展方向，以追求实现全民"健康梦"为目标，积极推进大健康首位度产业，打造新技术、新业态、新模式、新产业"四新经济"集聚区。

目前，小镇已引进仁创、东华、民营科技企业家协会等科技创新主体。同时，通过招商引资吸引一批企业入驻小镇总部经济区及大数据产业园。截至 2019 年年底，电子商务区已入驻电商企业 22 家；医药产业区骨干企业推进技改扩大生产，积极谋求上市；孵化中心引进一批文创企业，致力于打造文化创意产业园；院士工作站、特色农业研究所及大别山区域发展研究院已挂牌成立，农产品及茶叶（茶制品）检测中心正式运行。

未来，小镇将建设中药健康产业园，提升中药材种植养殖、养生、观光休闲、物流基地等功能区特色；建设岳西国际养生文化产业园，开拓文化旅游、养生养老、农产品贸易等特色品牌；建设健康大数据产业园，引领智慧农业、智慧旅游、智慧教育、智慧医疗等为大众提供"养、医、健、食、智"全流程大健康云服务；建设国际电商产业园，打造科技产业双创示范基地和科技企业孵化器；建设国际文化创意产业园，建立文化双创中心、原创文学基地、影视拍摄基地、动漫制作基地。通过五大园区建设，小镇将成为安庆大数据中心、安徽省知名中药生产研发基地、长江经济带科技创新高地、国内一流的泉疗养生目的地、全国健康科技特色小镇。

◆ 芜湖市芜湖县航空小镇

航空小镇（见图 9-9）地处长三角中心地带，坐拥亿吨大港芜湖港，可直达全球 46 个国家和地区。小镇面积为 3.49 平方公里，总建筑面积为 1.67 平方公里，总投资额为 110.5 亿元，以通航研发制造和通航运营保障为主导产业，以航空科教创新和航空文旅服务为支撑，打造"两核双翼"四大产业板块，构建集研发、制造、维修、运营于一体的通航产业发展生态链。

小镇航空产业基础雄厚。作为国家首批通航产业综合示范区和国家级通航产业示范标杆，小镇集聚了通用飞机整机、无人机、航空发动

图 9-9　航空小镇近景图

图片来源：由航空小镇提供。

机、螺旋桨、航电、航空部件维修和运营等 40 多个项目。一大批通航龙头企业已经建成投产，其中中电科钻石飞机引进全球通用飞机巨头"奥地利钻石飞机"的最新生产线；中电科芜湖钻石飞机制造有限公司成为中国首家取得国外型号合格证和中国生产许可证的飞机总装企业，且钻石发动机取得国内第一张通用航空发动机生产许可证，打破了国内适航活塞发动机生产的"零纪录"；园区入驻的螺旋桨知名企业卓尔航空科技，占据无人机螺旋桨市场 90% 的份额。

小镇航空科研实力强劲。小镇地标性建筑北航通航创新园积极构建从项目初选到产业化发展的全链条一体化创业孵化服务体系，打造通航高端科技创新资源集聚地、成果中试和转化平台、高端人才创业基地、国际合作交流基地。小镇还有全国首个国家级轻型通用飞机工程研究中心、国家级特种显示工程技术研究中心、国家级企业技术中心等高水平创新研发平台。

小镇围绕通航研发、制造、维修、运营全产业链发力，先后获批"国家首批通用航空产业综合示范区""安徽省战略性新兴产业集聚发展试验基地""安徽省通用航空军民融合产业基地"等称号。未来，将积极探索"民航＋通航"融合发展，本着"建成一座机场、繁荣一方经济"的初心和使命，助推地方经济发展。

第十章
吉林篇（4个）

◆ 延边州安图县红丰矿泉水小镇

红丰矿泉水小镇（见图 10-1）位于延边州安图县西南、长白山北麓，是集生产加工、休闲旅游、健康养生、美丽宜居于一体的长白山天然矿泉水小镇。小镇总面积为 3.67 平方公里，建设用地面积为 2.4 平方公里。现已获得"中国矿泉水之乡""中国生态原产地品牌示范区""国家级出口食品质量安全示范区""全国知名品牌示范区"等荣誉称号。

小镇坚持以政府为主导、企业为主体，以打造产业集聚、功能完备、科技领先、环境优美的世界一流矿泉水小镇为目标，高标准制定《红丰矿泉水小镇发展规划》，建立政企合作共赢的运行机制，对失地农民按照就地市民化的原则，共同参与矿泉水企业生产运营、见证小镇的成长历程、享受特色产业带来的红利。

小镇按功能划分为四个区域。生产加工区：依托世界三大黄金水源地之一——长白山，着力引进国内外知名品牌企业，现已入驻广州恒大、台湾统一、韩国农心、福建雅客、内蒙古伊利等 11 家大中型企业；休闲养生区：小镇现已入驻紫玉集团、宝石国际、魔界 3 家大型旅游企

图 10-1　红丰矿泉水小镇远景图

图片来源：由红丰矿泉水小镇提供。

业，建设完成炕院别墅区、稻田风光、宝石酒店、魔界景区、390 展示中心、慢性漫游系统等旅游设施，形成独具特色的旅游景点；生产服务区：重点发展科技服务、商贸物流、市场推广、信息服务，建设货运中心、博物馆、矿泉水检测中心、水文化体验中心等，启动安图长白山天然矿泉水指数项目，通过对矿泉水产业相关数据的采集、分析、应用，以可视化的数据动态展现长白山矿泉水的基本情况；美丽宜居区：把长白山民族元素与原有房屋外立面改造相结合，塑造旅游新形象，达到房屋与自然的和谐、统一。

未来，小镇将依托得天独厚的矿泉水资源，着力做大"水"文章，以建设产业园区为抓手，全力推进资源转化，大力发展矿泉水等绿色产业，着力打造世界一流矿泉水小镇。

◆ 敦化市吉港澳中医药健康小镇

吉港澳中医药健康小镇（见图 10-2）位于"千年古都百年县"——敦化，区位优势明显，镇内渤海文化、辽金文化、满清文化、佛教文化相互交融。小镇生态环境县域竞争力全国第一，有国家 AAAAA 级旅游景区 1 处、国家级自然保护区两处和世界最高释迦牟尼青铜坐佛。

依托长白山丰富的野生药用植物资源和雄厚的产业基础，发挥澳门与葡语系国家交往优势，小镇重点建设"一区五园"。"一区"即吉港澳

图 10-2　吉港澳中医药健康小镇鸟瞰图

图片来源：由吉港澳中医药健康小镇提供。

中医药健康产业合作区，"五园"包括中国北方道地药材种植（养殖）园、医药工业园、中医药"双创"科技园、跨境电子商务及商贸物流园、文化健康养生产业园。

小镇营商环境好，享受国家兴边富民、加工贸易梯度转移和重点生态功能区等多项优惠政策，出台有史以来最优惠的招商引资政策和中介人奖励办法，实行项目施工期间"零收费"、新建医药项目"零地价"政策，设立医药产业专项资金，建立运营多支合作基金。截至 2019 年年底，小镇已有吉林敖东、天津凯莱英、华润三九、长春高新香港国泰集团等 7 家医药上市公司，全资子公司和控股子公司达 11 家。

未来，小镇将按照"三年起步、五年成形、十年成势、十五年成城"的目标，建成产值千亿元小镇。一座依山傍水、商贾云集、宜居宜业的吉港澳中医药健康小镇将破浪前行，创领未来。

◆ 辽源市龙山区袜业小镇

袜业小镇（见图 10-3）位于辽源经济开发区，占地面积为 3 平方公里，交通便利，具有较强的辐射作用和核心优势。

小镇依托吉林省东北袜业纺织工业园，打造了国内首个涵盖袜机制造、物流配送、金融服务等配套服务产业的袜业产业集群。经过 15 年的发展，园区已实现从工业地产商、系统工业服务商到生态型工业综合体的转型，完成了产业集聚地、产业全链条到集制造产业、线上电商、生态环保、人文特色、地方文化、休闲生活于一体的大生活圈转变。

截至 2019 年年底，小镇已建设厂房和附属设施 145 万平方米，入驻各类企业 1210 户，拥有袜机等设备 4 万台套，吸纳就业人数 4.5 万人，获得国家级、省级以上资质荣誉 130 多项，是国家袜子标准制定和检测基地，也是全球链条最完善的专业生产棉袜的大型工业园区。

目前，小镇已完成投资 65 亿元。围绕袜业产业链条已建设电子商务大厦、1688 电商服务中心、淘宝园、智信科技软件公司、物流区、品牌街（直播街）、研发中心、检测中心、能源公司、袜机厂、染纱厂、包覆纱厂、大学生公寓，以及一家省级学院、四个集中餐饮区及众多配套餐饮、五家银行等。在旅游服务设施方面，小镇已形成完整的工业旅游接待体系，游客可以体验全产业链袜子生产流程，感受到现代袜业产业的气息和魅力。

未来，小镇将重点建设互联网大数据建设项目、数字档案馆一期工程建设项目、跨境电子商务创新创业服务平台建设项目、"互联网＋"袜业工业服务平台建设项目，致力于建设成为一二三产业融合的智慧化

图 10-3　袜业小镇远景图

图片来源：由袜业小镇提供。

袜业产业生态圈。

◆ 长春市经济开发区红旗绿色智能小镇

红旗绿色智能小镇（见图 10-4）位于长春汽车产业开发区核心片区，占地面积约为 3 平方公里。小镇以"产城更新、存量盘活"为指导思想，以民族品牌复兴、产镇融合发展为目标，致力于打造"乐山、乐水、乐活"和"宜业、宜游、宜居"的生态综合体，成为智慧城市、智慧交通、智慧生活融合样板，是中国一汽与长春市汽车经济技术开发区战略携手、政企共建的典范之作。2019 年 4 月，小镇被纳入"第一轮全国特色小镇典型经验"案例进行推广交流。

图 10-4 红旗绿色智能小镇鸟瞰图

图片来源：由红旗绿色智能小镇提供。

小镇依托民族汽车工业第一品牌——红旗，以一汽集团红旗工厂升级改造和工业历史文化街区为核心，以做强民族工业和彰显品牌文化为主线，重点实施红旗制造基地及开放式红旗生产线、红旗历史博物馆、历史特色街区、小镇客厅、汽车文化主题公园等项目，将 60 多年的红旗品牌及汽车文化积淀进行展览和传承，打造世界工业旅游的新标杆。

同时，以一汽集团新总部、汽开区管委会、汽车主题公园为核心，依托红旗研发总院、红旗造型设计院、红旗新能源开发院等研发机构，汇集新能源、智能网络、无人驾驶、研发设计等功能，形成研发集群。连接两大区域的东风十里大街，实施 1958 大道等项目，植入汽车文化与智慧交通，展示汽车产业的过去、现在和未来。

在共商、共创、共建理念下，小镇将充分利用全球产业升级的"天时"、长春老工业基地的"地利"、一汽不遗余力振兴红旗的"人和"优势，围绕汽车产业，着力打造可持续发展的"最美小镇"，力争成为吉林省一张亮丽的新名片，展现红旗品牌与汽车文化，以绿色智能为特色引领汽车产业变革，实现人、车、社会完美融合。

第十一章
江苏篇（3 个）

◆ 苏州市昆山市智谷小镇

智谷小镇（见图 11-1）位于昆山高新技术产业开发区阳澄湖科技园内，地理位置优越，于 2017 年 5 月被纳入江苏省首批省级特色小镇创建名单。

小镇始终坚持以特色产业为核心，兼顾特色文化、建筑和环境这一主线和脉络，突出"大学校区、科技园区、城市社区"三大主题，利用最小空间实现生产力、创新力、承载力的最优布局，高效统筹生产、生活、生态，坚定不移提高小镇发展的生态宜居性，加快塑造智谷小镇"美""优"形态。

小镇依托 4 个国家火炬特色产业基地，以建设自主可控的先进制造业为主攻方向，放大昆山市产业扶持政策效应，集聚泽璟生物、天瑞仪器等高新技术企业以及网进科技、好活科技等平台经济、共享经济新模式新业态落地生根。目前，小镇已形成新一代电子信息、小核酸及生物医药、机器人及智能制造三大支柱产业，以及总部经济、金融服务、文化运动等高端服务业。

此外，小镇与中国电信合作试点布局 5G 公用网络，发挥昆山超算中心超级计算机系统强大算力支撑能力，为高端装备制造、绿色低碳、新材料、地球科学等国家重点科研应用领域突破性跃升注入强劲动力。2019 年，小镇完成投资 17.88 亿元，累计投资 44.25 亿元，年度总产值达 36.03 亿元，入驻企业共 232 家，创新创业平台数为 11 个，入驻创业团队有 425 个，其中研发和设计师人数为 689 个。

未来，小镇将进一步加大力度吸引产业链领军优质企业，积极培育壮大初创型企业，切实增强产业集群辐射带动能力，推动小镇优势产业

图 11-1　智谷小镇远景图

图片来源：由智谷小镇提供。

向"高精尖"层次攀升迈进。

◆ 苏州市高新区苏绣小镇

苏绣小镇（见图 11-2）位于苏州西部生态旅游度假区，占地面积约为 3.8 平方公里，总投资额约为 34 亿元。2017 年，小镇被列入江苏省特色小镇名单，连续两年在考核中获评优秀小镇；2019 年，小镇入选"第一轮全国特色小镇典型经验"名单，成为长三角特色小镇产业联盟成员单位。

小镇所在地镇湖是苏绣发源地，具有 2200 多年刺绣文化史，建有"中国刺绣艺术馆""绣品街""绣馆街"等刺绣文化空间。小镇围绕苏绣工艺，集聚了丝线、木架、装裱包装等上下游产业，依托苏绣创新平

图 11-2　苏绣小镇近景图

图片来源：由苏绣小镇提供。

台，引进了以研发、培训、体验等为主题的刺绣工作室，实现苏绣全产业链协同发展。同时，立足丰富旅游资源，融合苏绣文化与传统工艺，实现苏绣文旅的跨界融合。

迄今，已有近 80 件苏绣艺术品作为"国礼"赠送给国外友人，近90 件苏绣艺术品被世界各地博物馆或名人收藏。企业拥有刺绣发明专利 18 项；小镇拥有由 2 位中国工艺美术大师、2 位国家级非遗（苏绣）传承人、3 位首批"大国非遗工匠"、14 位省级工艺美术大师、8 位省级工艺美术名人、90 名高级工艺美术师构成的苏绣传承人队伍。特色文化节庆品牌——"中国刺绣文化艺术节"已举办十二届，成为小镇刺绣文化对外展示的重要窗口。

小镇将加快完善产业、商业及生活等配套设施，集聚优质创新资源，培育发展新动能。未来，小镇将以载体聚资源，打造实施创新驱动的新引擎；以合作促发展，探索苏绣特色产业新路径；以改革促运营，引领苏绣品牌发展新趋势，保持高质量发展的战略定力。

◆ 泰州市高新区凤栖小镇

凤栖小镇（见图 11-3）面积为 3.2 平方公里，投资总额达 95.43 亿元，地处长三角城市群腹地，是扬子江城市群重要的节点，与上海、南京、苏州、无锡、常州、扬州毗邻，是"一带一路"与"长江经济带"的重要交会地，是连接长江南北经济的纽带。

小镇以"节能环保科技成果转化"为主题，以人才科技创新为核心竞争力，围绕"一核两带三区"功能板块，激发内生动力，全力推动"三生融合"发展。一方面坚持以"打造节能环保为主的高新技术集成中试

图 11-3　凤栖小镇远景图

图片来源：由凤栖小镇提供。

基地"为产业特色，将人才团队和高校资源作为项目招引的核心内容，促进招商引资和招才引智有机结合，通过靶向招商、产业链招商、以商招商等手段，集聚了一批在行业内能够代表国家话语权、自主创新能力强、具有较强竞争力的高新技术项目和高新技术企业，以及一批高新技术中试基地和生产线。

　　另一方面致力于打造科技资源支撑、高端人才引领、专业资本集聚的特色载体，设计政策链、做优资本链、集聚人才链、配置创新链、提升价值链，探索形成了与大院大所合作的"1+1+1+N"创新发展模式，即共建具有独立法人性质的新型产业研究院、入驻一支高端人才团队、设立一支产业投资（孵化）基金、孵化出关和落地一批产业化项目。

2016 年年底，小镇内总面积 10 万平方米的人才科技广场建成投入运营，已成为江苏省级创业孵化示范基地。截至 2019 年年底，已有超过 1700 名创新创业者入驻。

未来，小镇将继续坚持以转型为纲、产业为王、改革为要，以及创新至上的原则，紧扣高质量发展所需，聚焦重点产业、深化创新驱动、大胆探索实践，使小镇产业发展蓝图不断具象化。

第十二章
云南篇（3 个）

◆ 保山市腾冲市和顺古镇

和顺古镇（见图 12-1），取"士和民顺"之意。和顺是古代川、滇、缅、印南方陆上"丝绸之路"的必经之地，拥有 600 多年的历史文化。古镇总面积为 3 平方公里，核心区面积为 0.79 平方公里，建设内容包括特色文化挖掘传承、生态环境改善提升、基础设施完善、产业业态培植等，总投资额约为 21 亿元。

古镇以文化旅游为核心，以"康养＋会务论坛"为抓手，集生态文化休闲、异域特色商贸服务、文化创意和健康有机农业于一体，打造产业层次分明、功能齐备完善、景观环境优越、文化多元融合、健康和谐发展的世界级特色小镇、国家 AAAAA 级旅游景区。2019 年 9 月，古镇被云南省人民政府命名为"云南省特色小镇"。

古镇注重历史文化、人文景观的挖掘和传承，致力于建筑风貌、自然景观的保护和开发。400 米"和顺家风家训文化长廊"的建成，让和顺的民居、街巷、山水、馆阁都融入生态和人文之中，充分展现和顺家风文化；通过综合治理古镇周边环境，彰显江南水乡的韵味，实现与

图 12-1　和顺古镇近景图

图片来源：由和顺古镇提供。

"美丽乡村""美丽县城"建设深度融合；充分挖掘翡翠文化，与多位国家级翡翠玉雕大师合作建设"中国玉石雕艺术大师馆"，引领翡翠文化产业转型升级。

　　同时，不断激发文化旅游产业的发展创造力，延伸文化旅游产业链和价值链，多规合一打造"文化旅游＋康养＋X"的产业模式。目前，全镇 70% 以上群众直接从事旅游业，旅游就业和旅游收入成为当地居民增收致富的主渠道。2019 年，古镇接待游客 82 万人次，实现旅游总收入 1.21 亿元。

　　近年，古镇成功接入"一部手机游云南"平台，实现 200M 宽带接入和景区内重点区域 5G、WiFi 全覆盖，提供人脸识别、AI 识景、智慧厕所、智慧导览等智能化管理服务。未来，古镇将加快实施数字化提升项目，在"创新智慧"上实现质的飞跃，实现特色小镇全面数字化。

◆ 大理市喜洲古镇

喜洲古镇（见图 12-2），东临洱海，西枕苍山，核心区面积为 1 平方公里，总面积为 3 平方公里，交通区位优势明显。

图 12-2　喜洲古镇近景图

图片来源：由喜洲古镇提供。

古镇依托古村落，以创新方式保护、整合与呈现传统文化，打造了以喜林苑、天谷喜院等为代表的酒店品牌；集合甲马木刻版画、羊毛毡、古法造纸、扎染等多项白族民间传统手工技艺，打造了一批具有代表性的民艺手作产业品牌，带动古院落活化利用和非遗集中展示、传承。在开展农业观光、体验、休闲、度假等乡村旅游的同时，发展以当地农作物为主的创意农业品牌，打造"喜米""喜油""喜酒"等生态农产品品牌，充分展示白族农耕文化；把田园综合体打造、全区域旅游慢行道建设、机耕道路的生态化提升与景观化改造相结合，打造"最美的田埂"景观品牌。

未来，大喜之地——喜洲，将向世界展现一个服务设施完善、产业高度融合、主题形象鲜明的"中国白族风情第一镇"。

◆ 大理市双廊艺术小镇

双廊艺术小镇（见图 12-3）位于大理市东北端，因"双曲"环抱"双岛"而得名，文化旅游区面积为 3.01 平方公里，其中核心区面积为 1.01 平方公里。

小镇紧扣"根、纲、形、骨、魂"五条主线：以洱海保护为"根"，筑牢绿色生态防线；以规划布局为"纲"，高位描绘发展蓝图；以环境风貌为"形"，全面提升"气质""颜值"；以建管运一体化为"骨"，助力持续健康发展；以文化艺术为"魂"，引领产业加速转型升级。聚焦特色、产业、生态、易达、宜居、智慧、成网 7 大要素，全面建设和提升艺术小镇环境和综合服务体系，大力发展旅游文化产业。2019 年 9 月被云南省人民政府命名为"云南省特色小镇"。

图 12-3 双廊艺术小镇近景图

图片来源：由双廊艺术小镇提供。

　　小镇以艺术为核心，布局艺术家工作室和艺术创作业态。通过"筑巢引凤""腾笼换鸟"，构建本土与外来、民族与世界多元文化艺术融合发展格局。依托杨丽萍、张杨、沈见华等外地艺术家和赵八旬、赵青、赵克恭等双廊本土艺术家，厚植舞蹈、建筑、电影、农民画等艺术文化；引入袁熙坤、顾林、韩湘宁等知名艺术家，培育雕塑、绘画等艺术形态，提升艺术品位；汇集寸发标、段国梁、段四兴等大理非遗传承人，提升艺术内涵。

　　小镇以智慧为支撑，打造现代化旅游新体验。高度智慧化的双廊北游客服务中心为小镇营造良好的智慧管理、智慧服务环境，提高游客的旅游体验。2019 年，小镇接待游客 212.43 万人次，实现旅游收入 19.04 亿元，分别同比增长 33.01%、47.25%。

　　未来，小镇将继续秉持"彰显特色、打造产业、创新智慧、追求卓越"理念，聚焦项目建设、旅游革命、转型升级三轮驱动，牢牢抓住"艺术"这条主线谋篇布局，力争打造成世界一流的艺术小镇。

第十三章
江西篇（1 个）

◆ 赣州市南康区家居小镇

　　家居小镇（见图 13-1）位于赣州市南康区镜坝镇，地理位置优越，项目总用地面积为 5 平方公里，核心区面积为 2 平方公里，主要建筑围绕超 0.2 平方公里的景观湖进行布局。其中，东侧建设具有五大洲风情的木屋建筑群；南侧建设"一桥两中心"，即家居大桥和家居会展中心、家居博览中心；西侧建设集唐、宋、元、明、清五个朝代和 56 个民族及客家民居等风格为一体的特色建筑群；北侧建设"城市新客厅"。

　　小镇是全国首个家具产业小镇，坚持以产业为核心、旅游作支撑、文化巧融入、民生共发展，生产、生活、生态"三生融合"，高起点规划、高品质建设、高水准运营，打造"天下家居第一镇"。

　　小镇提出"一镇五村"的业态模式，每个业态模式都由全国乃至全球一流资源引领：前端突出设计，建设设计村；中端树立品牌，建设品牌村；终端力推销售，建设电商村；顶端技术引领，打造智造村；底端整合资源，打造金融村。

小镇以家居产业为核心，贯穿产业上、中、下全产业链，融合教育培训、研发设计、家具生产、展销体验、物流电商、休闲旅游、文化创意、配套居住、健身娱乐等内容打造综合性产业生态圈，建设研发设计平台、智能创新平台、电商销售平台、智慧物流平台、跨境外贸平台、品牌体验平台、人才孵化平台、文化旅游平台等十大平台。2019 年 10 月，小镇被江西省旅游资源规划开发质量评定委员会评定为全省工业旅游示范基地，并推荐申报入围国家级工业旅游示范基地；同年 12 月，被列为省级科普教育基地。

图 13-1　家居小镇远景图

图片来源：由家居小镇提供。

　　未来，小镇将继续贯彻落实新发展理念，与赣州国际陆港"双核联动、两翼齐飞"，推动千亿家具产业集群高质量跨越式发展，朝万亿级、国际化大产业迈进，成为家具设计界的"中国米兰"，实现世界家居"设计在南康、定制在南康、体验在南康、采购在南康"，争坐国内家具业"第一把交椅"。

第十四章
河北篇（1 个）

◆ 邢台市清河县羊绒小镇

羊绒小镇（见图 14-1）位于中国羊绒之都、中国羊绒纺织名城——河北省清河县，规划面积为 3.2 平方公里，建设用地面积为 2 平方公里。

小镇是河北省委、省政府确定的河北省重点创建 30 个特色小镇之一，被列为河北省重点旅游项目。小镇已被认定为"国家 AAA 级旅游景区"、中国服装品牌孵化基地、国家级电子商务示范园区、第四批纺织服装创意设计试点园区。

小镇坚持"高起点规划引领、产业创新驱动、智能化管理服务"，突出"产业、文化、旅游、社区"等功能内涵，以项目建设为抓手，按照"两轴三区两园"的规划布局推进建设。其中，"两轴"即打造两条特色街：泰山路羊绒产业文化一条街、风情商业街；"三区"即羊绒商贸时尚区（羊绒制品市场）、生态休闲服务区和宜居宜业新社区；"两园"即羊绒电子商务产业园、羊绒科创园。

围绕羊绒产业高端化、个性化、品牌化发展，小镇建设了时尚商业区、设计孵化区、现代产业区、生态文旅区 4 大板块，重点打造设计创

图 14-1　羊绒小镇近景图

图片来源：由羊绒小镇提供。

意孵化中心、创意工坊、知名品牌博览中心、会展中心等核心功能平台。目前，已拥有创意设计机构 60 多家，设计师 500 余名，为 1200 多家服装企业提供创意设计、品牌策划等服务。

　　小镇将以"羊绒之都、世界绒谷"为目标，持续推进产品提升、市场提升、文化提升、素质提升，使清河羊绒在世界独树一帜、独领风骚。

第
三
篇

中国特色小城镇 50 强荟萃

第十五章
江苏篇（9 个）

◆ 苏州市昆山市陆家镇

陆家镇（见图 15-1）位于昆山市东南，总面积为 35.46 平方公里，是昆山全市区域面积最小的镇，辖 9 个社区、8 个行政村。陆家镇距离苏州 40 公里、距离上海 30 公里，临近京沪高速、沪宁城际、312 国道、轨交 S1 线，交通便捷，先后获得"全国环境优美镇""国家卫生镇""中国人居环境范例奖""中国民间文化艺术（龙舞）之乡""全国乡镇企业出口创百强乡（镇）""全国美丽宜居小镇"等多项国家级荣誉。

2019 年，陆家镇完成地区生产总值 164.8 亿元，同比增长 4.3%；一般公共预算收入为 14.8 亿元；工业总产值为 280.8 亿元；进出口总额为 14.3 亿美元；农村居民人均纯收入为 46127 元，同比增长 7.1%。综合实力位列"2019 年度全国综合实力千强镇"第 69 位。

当前，陆家镇正全力建设昆山产业科创中心先行镇，加快规划"一核两轴六园"产业科创布局，积极探索老旧工业小区向科创园区转型提升新路径，联手市乡村振兴公司收购低效项目，规划建设维胜科创园。

图 15-1　陆家镇鸟瞰图

图片来源："陆家镇建设管理所"微信公众号。

2019 年，陆家镇全年新增省星级"上云"企业 7 家、省级智能示范车间 2 家，培育苏州"瞪羚企业"6 家，昆山"专精特新""隐形冠军""单打冠军"企业 5 家，新增发明专利授权量 55 件、中国专利奖外观设计金奖 1 件，服务业增加值达 64 亿元。

　　未来，陆家镇围绕昆山"勇当新时代高质量发展和现代化试点走在前列的热血尖兵"的目标要求，全方位打造"小而强、小而美、小而新、小而优"的精致高品质特色小城镇，争当"'强富美高'新江苏建设先行军排头兵"。

◆ 无锡市宜兴市丁蜀镇

  丁蜀镇（见图15-2）位于长江三角洲经济开发区，东濒太湖，占地面积205平方公里，其中城区建成面积为32平方公里，人口近24万人，为宜兴的两个主城区之一，是宜兴市的人口大镇、工业重镇、历史文化特色镇。镇区内山水相依、风景秀丽、人文荟萃，是著名阳羡风景区的重要组成部分，为江南旅游胜地之一。2019年1月9日，丁蜀镇凭借陶瓷产业入选2018—2020年度"中国民间文化艺术之乡"名单；同年9月，入选"2018中国乡镇综合竞争力100强"。

  丁蜀镇是中国陶文化发源地，以盛产陶瓷而闻名中外，制陶历史可追溯到五千多年前。悠久的陶瓷历史，积淀了丁蜀深厚的历史文化底蕴，尤其是紫砂文化，独步千年，更是丁蜀陶都立足于世界文化殿堂无

图15-2　丁蜀镇鸟瞰图

图片来源："陶都明珠丁蜀镇"微信公众号。

可替代的文化标志。源远流长的陶文化孕育了丁蜀人勤劳质朴、敢闯敢试、百折不挠的优秀品格，创造了辉煌的历史。

　　而今，古老的丁蜀凭借得天独厚的资源禀赋、丰厚悠久的陶瓷文化和人文传承，依托欣欣向荣的现代文明、和谐稳定的社会环境，日益彰显出蓬勃的活力和无穷的魅力，正朝着富裕、和谐、秀美的现代化新丁蜀的目标阔步前进。

◆ 泰州市兴化市戴南镇

　　戴南镇（见图 15-3），简称"泽"，别称"戴家泽"，地处江苏省中部、泰州市中部、兴化市东南部、里下河平原腹地，位于长江三角洲城市群

图 15-3　戴南镇鸟瞰图

图片来源："戴南发布"微信公众号。

境内。境内有宁盐公路和京沪高速的支线盐靖高速，南临长江，北接淮水，是里下河地区著名的"鱼米之乡"。全镇辖 33 个行政村、4 个居委会，是江苏省兴化市第一大镇，是兴化市的经济、金融中心，也是中国不锈钢名镇。戴南镇在"2018 年度全国综合实力千强镇"中位居第 112 名，2019 年位居第 110 名。

作为闻名遐迩的"不锈钢产品之乡"，戴南镇云集了 1000 多家不锈钢制品企业，在发展地方经济、致富一方百姓中发挥了较大作用。但在发展过程中，戴南镇也产生了环境污染、产业低端等问题。因此，该镇紧紧围绕打造生态绿色戴南的目标，坚决打好"拆烘房""关酸洗厂""停中频炉"这三场硬仗，高标准治理环境污染，高质量推动发展转型，力促当地生态环境质量不断改善。

近年来，戴南镇奋力打造全国产业转型升级示范区。2019 年全年，剔除物回税收后，戴南镇完成税收收入 9.65 亿元、一般公共预算收入 5.19 亿元，分别同比增长 1.7%和 5.3%；城乡居民人均可支配收入 3.76 万元，同比增长 9%。

当前，戴南镇正处在推进转型升级、实现高质量发展的关键时期。展望未来，在全镇人民共同努力下，戴南镇将开创新时代高质量发展新局面。

◆ 无锡市锡山区东港镇

东港镇（见图 15-4）位于无锡市东北，是无锡市规划建设特大城市框架中 20 万人口规模的新型卫星城市。全镇总面积为 85.05 平方公里，辖 15 个行政村、5 个社区，下辖 469 个自然村，总人口约 15 万人。

图 15-4 东港镇远景图

图片来源："东港纪"微信公众号。

目前，东港镇以纺织服装、机械装备、橡胶轮胎为支柱的传统产业，以新材料、生物医药、新能源为代表的新兴产业，以太湖水稻示范园、红豆杉高科技产业园为特色的现代农业产业以及以"金色山联"为品牌的乡村旅游等服务产业全面发展的产业布局，先后获得"国家卫生镇""国家级生态镇""全国环境优美乡镇""全国第二批小城镇发展改革试点镇""全国创建文明村镇工作先进镇"等荣誉。

东港镇文化底蕴独特，刺绣、花边产品久负盛名。目前，东港已拥有红豆、晶石等各类企业 1000 多家，已有 20 家上市挂牌企业，其中主板上市公司有 4 家。从事服装和双面呢生产的企业达 300 余家，占东港企业总数的 1/4。

未来，东港镇将建设成为传统产业、新兴产业和乡村旅游业协调发展，城镇环境宜居，乡村风貌突出，经济繁荣，社会文明的宜居城镇。在空间上，形成"廊带串三区，一镇携两心，多片协发展"的镇域空间结构。在产业规划上，第一产业加大农业科技投入，提高农产品科技含量，推动农业产业化进程，大力塑造和推广农业品牌，提高农产品附加值；第二产业大力发展三大新兴产业，加快提升传统产业技术装备水平和企业管理效率，实现品牌化发展；第三产业加快改造和提升城镇生活性服务业，构建和完善城乡一体的服务业体系，重点培育和发展生产性服务业，积极发展乡村旅游业。

◆ 苏州市吴中区甪直镇

甪直镇（见图 15-5）位于苏州城东南 25 公里处，北靠吴淞江，南临澄湖，西接苏州工业园区，东衔昆山，全镇面积为 72 平方公里，辖16 个行政村和 2 个社区，总人口近 15 万人。甪直是一个具有 2500 多年历史的古镇，这里名湖水秀、风光旖旎，历史文化底蕴深厚，先后被评为"中国历史文化名镇""全国环境优美镇""全国首家通过 ISO 14001 环境管理体系认证的乡镇""江苏省卫生镇""江苏省百强乡镇""外向型经济明星镇"等。甪直更是一个朝气蓬勃的工业强镇，全镇共有外资企业 200 多家、民资企业 900 多家，涉及电子、机械、建材、纺织等各类产业。

2019 年，甪直镇实现地区生产总值 117.96 亿元，同比增长 6.34%；一般公共预算收入达 16.35 亿元，同比增长 14%，增速居全区第一位；完成固定资产投资 21 亿元，同比增长 63.3%。在营商环境方面，甪直

图 15-5 甪直镇鸟瞰图

图片来源："吴中区甪直镇阳光村务"微信公众号。

镇持续开展"一企一策"走访调研，积极助推企业转型升级，2019 年共计发放各项奖励资金 2139 万元，惠及企业超过 200 家。

未来，甪直镇将筑牢产业根基，坚持稳中求进总基调，围绕模具产业发展"1215"计划和"两个翻番"目标，加快产业结构调整优化，加速各类要素集聚，以更大力度推动全镇 12 大类的区镇两级重点项目，尤其是 36 个区级重点项目的实施推进。同时，加速推进总投资额为 45 亿元的 28 个单独供地项目，持续推进联东 U 谷、兰生产业园等 6 个工业载体建设，加快推动"多带一"抱团发展的工业地产项目，并努力探索镇属企业与民资合作进行企业回购、存量更新、开发建设一体推动新路径。

◆ 泰州市泰兴市黄桥镇

黄桥镇（见图 15-6）是一座具有悠久历史和丰厚底蕴的文化古镇，更是闻名全国的红色重镇，先后获得"全国文明镇""全国特色小镇""全国重点镇""国家级生态乡镇""中国提琴产业之都"等 16 个"国字号"称号。

作为泰兴市统筹城乡发展的"副中心"、泰州市区域发展"重点小城市"和江苏省经济发达镇行政管理体制改革试点镇，黄桥镇积极推进新型城镇化建设，统筹城乡发展，完善交通、教育、医疗、卫生、文化、体育、商贸、金融等公共服务，促进人口向城镇、企业向园区、土地向规模经营集中。

在产业方面，黄桥镇乐器产业规模巨大。其中，小提琴的年产量约80 多万把，占全国总量的 70%以上、世界总量的 30%以上，吉他年产

图 15-6　黄桥镇鸟瞰图

图片来源："黄桥便民服务中心"微信公众号。

量 150 万把，钢琴年产量近 1 万台，是名副其实的"中国提琴产业之都"，被誉为"东方克雷蒙娜"。目前，黄桥镇中小学生器乐教育的普及率已超过 75%。从 2017 年至 2019 年，黄桥镇连续三年承办了影响巨大的音乐盛会 —— "6·21 国际乐器演奏日"，2019 年 "6·21 国际乐器演奏日" 共有 55 支演奏团队、5000 多人参与演出，围绕音乐生态湖观摩的人群超过了 8 万人。

未来，黄桥镇的目标是通过音乐教育的普及和对周边音乐教育的辐射，让黄桥"响起来"；通过举办各类的音乐和文化活动，不断丰富全镇音乐教育的成果，让黄桥因为音乐"动起来"；通过产业的升级融合到国际化的产业大潮当中，让黄桥因为乐器产业和音乐产业而"富起来"。

◆ 镇江市扬中市新坝镇

新坝镇（见图 15-7）位于江苏省扬中市西北，三面临江，是扬中第一镇。新坝镇总面积 49.2 平方公里，下辖 12 个行政村、2 个社区居委会、1 个省级高新技术产业开发区。2019 年 10 月，新坝镇被评为"2019 年度全国综合实力千强镇"；2019 年 12 月，新坝镇入选"全国乡村治理示范村镇"名单。

2019 年，新坝镇申报纳税销售额为 250.08 亿元，同比增长 9.53%。工程电气是新坝镇的主导产业，集聚度高，"压舱石"作用明显。在工业纳税销售额中，工程电气行业纳税销售额占全镇工业总量的 75%，同比增长 6%。2019 年，新坝镇实施扬中市重点项目 16 个、镇江市重点项目 4 个，重点工业项目开工率达 100%，竣工率达 84.62%。2019 年，新坝招引入驻项目以智能电气产业为主导，重点引进智能电气装备制造、绿色环保新材料、电子信息等产业，确定入驻意向企业14家，主要为新材料、智能制造、汽车配件企业。

　　未来，新坝镇将进一步整合全镇企业资源，开展企业家座谈会，促进企业抱团取暖、协同发展，共享资源信息、共商发展大计、共建新新坝。此外，新坝镇将发挥好乡贤经济，吸引外来资金、人才资源，进一步修改完善经济激励政策，提高对重大优质项目招引、新认定高新技术企业、重大纳税突破、企业技术转型等政策支持力度。新坝镇将以推进江苏云企智能智造共享工厂项目等亿元投资项目动工建设为重点，紧抓在建重点项目进度，切实抓好各项工作，确保经济稳中有进，确保各项经济指标走在全扬中市前列。

图 15-7　新坝镇鸟瞰图

图片来源：由新坝镇提供。

◆ 无锡市江阴市新桥镇

新桥镇（见图 15-8）隶属于江苏省江阴市，镇域面积约为 20 平方公里，总人口超 6 万人，下辖 10 个行政村和 4 个社区居委会。新桥镇以新型城镇化建设为载体，不断提升工业现代化、城乡一体化和农民市民化水平，主要经济指标、人均产出、人均创利润、人均纯收入位居江阴市乡镇前列，先后获评"国家卫生镇""国家园林城镇""国家安全社区""全国文明村镇""全国宜居小镇示范""国际花园城市"等荣誉称号。2019 年 9 月，新桥镇入选"2018 中国乡镇综合竞争力 100 强"；2019 年 10 月，入选"2019 年度全国综合实力千强镇"。

2019 年完成工商业开票销售 130.8 亿元，同比增长 25.8%；工业开票销售 93.7 亿元，规模以上企业工业产值为 45 亿元，分别同比增长 20.9%、10%。新签约国威派克等亿元以上项目 18 个，新开工耐尔能源装备、飞跃机泵等重点项目 10 个，新竣工正恒装饰材料、格尔金成套设备等项目 6 个；产研中心一期正式启动，无密封快速泵、高温熔盐炉等高附加值项目有序推进，先进金属材料涂镀国家工程实验室分

图 15-8　新桥镇鸟瞰图

图片来源："新桥镇新桥社区"微信公众号。

部实体化运行。实施产学研项目9个，共建校企联合体5家，申报发明专利263件；培育高新技术企业20家，新增后备入库11家；建成智能生产线2条、智能车间1个。德胜省级特色田园乡村项目全面完成，并承办了泰州首届农产品展销会；建成优质农产品示范区，生态健康养殖示范基地通过市级验收；创成省级水稻机插秧万亩示范片1个，完成5000亩结转高标准农田建设，新增新桥、孝化、新合、滨江高标准农田9200亩，实现十地"双整治"1047亩。

新桥镇将紧扣新桥实际，以"稳"的定力、"进"的信心、"新"的作为，坚决打赢三大攻坚战，在产业转型、项目突破、改革深化、城乡统筹、民生改善等方面提质增优，构建形态新、业态优、质态好的新格局，建设高品位、高质态、高颜值的新城市，用"争第一、夺冠军，咬定目标实干勇进"的作风，再创新桥"率先、领先、争先"辉煌。

◆ 苏州市常熟市海虞镇

海虞镇（见图15-9）坐落于常熟市北部，全镇面积为109.97平方公里，户籍人口近9万人，外来人口近5万人，辖4个社区和17个行政村。海虞镇先后获得"全国重点镇""国家卫生镇""全国小城镇建设示范镇""全国发展改革试点小城镇""中国苏作红木家具名镇""2019年度全国综合实力千强镇"等称号。

2019年上半年，总投资20亿元的药明康德创新医药研发服务基地项目落户苏虞生物医药产业园；总投资13亿元的上海亚大汽车管路部件、丰田通商惠彩车用材料等6个项目顺利签约；日本吴羽高性

图 15-9　海虞镇鸟瞰图

图片来源："海虞"微信公众号。

能锂电池黏结剂、兴盟生物创新单克隆抗体药物等重点在谈项目达成投资意向。在 31 个市级重点项目中，已开工 14 个，完成投资 7.53 亿元。

在科技创新方面，2019 年上半年全镇申报发明专利 56 件；举办苏州国际精英周新材料和生物医药对接专场，邀请各类人才、知名企业家、投资人和专家学者 70 多人出席会议；出台《海虞镇重点特色产业紧缺人才计划实施办法（试行）》；与苏州博士创新技术转移有限公司开展深度合作，共建高层次人才引进与科技成果转移平台。

在智能制造方面，2019 年三爱富中昊等 4 家企业通过苏州市级智能制造示范车间材料初审。同时，积极引导企业"零地增长"，通润装备、其乐服饰等 3 个新建项目成功通过市级部门审核。

　　未来，海虞镇将以高水平全面建成小康社会为总目标，以打造"大美海虞、无忧小镇"为引领，围绕全镇"创先争优再出发"十大攻坚行动，勇挑发展重担，不断开创各项事业发展新局面，推动经济社会发展迈上新台阶，打造精致特色新海虞。

第十六章
浙江篇（7 个）

◆ 温州市乐清市柳市镇

柳市镇（见图 16-1）位于乐清市东南部沿海乐清湾之滨、瓯江口北岸，北临乐清市中心城区，南与温州市区隔江相望，为乐清"一心两翼"的南翼副中心。

柳市镇面积为 92 平方公里，辖 94 个村（社区），户籍人口 22.18 万人，外来人员 18.9 万人，拥有"中国电器之都""中国百强名镇""全

图 16-1　柳市镇鸟瞰图

图片来源："乐清柳市"微信公众号。

国文明村镇"等多张国字号金名片。自 2010 年年底成为浙江省首批 27 个小城市培育试点镇以来，柳市镇抢抓机遇促发展，向着现代化小城市大步迈进。柳市镇搭建平台强产业，陆续完成方斗岩、苏吕、七里港、湖头等小微园区建设；德力西、人民集团省重大产业园，五洲国际电工电器城，现代广场购物中心，综合农贸市场等一批产业项目加快建设。同时完善设施强功能，溪桥路、柳青南路等城市主干道基本建成，市第三人民医院、文化中心、公安消防站等一批公共服务配套项目陆续建成投用。

2019 年，柳市镇实现地区生产总值 321.3 亿元，同比增长 9.5%；工业总产值 660.1 亿元，同比增长 6.5%；财政总收入 47.8 亿元，同比增长 5.1%；完成固定资产投资 58.3 亿元；限额以上批零贸易额完成 170.08 亿元，累计增长 94.9%；社会消费品零售总额 23.96 亿元，累计增长 15.2%，位列"2019 年度全国综合实力百强镇"第 13 名，获得"国家级卫生镇""全国大书法名镇""省级森林城市"等荣誉称号。

未来，在柳市镇党委、政府带领下，柳市镇将以建设"全面小康标杆镇、业强宜居小城市"为总目标，完善城市公共设施，提高精细化管理水平，推动城乡面貌持续改善，凝心聚力、开拓创新，将柳市镇打造成为国际电工电器制造基地、瓯江口北岸宜居品质新城，再创"中国电器之都"新辉煌，奋力打造"实力柳市、美丽柳市、和谐柳市、文化柳市"。

◆ 金华市东阳市横店镇

横店镇（见图 16-2）位于浙江省中部，全镇面积为 121 平方公里，下辖 10 个社区（94 个小区）、18 个行政村，户籍人口 8.7 万人，外来人口 9.5 万人。域内有"国家 AAAAA 级旅游景区"横店影视城，建有广州街、香港街、明清宫苑、秦王宫、梦幻谷、屏岩洞府、大智禅寺等 14 个大型景区和影视拍摄基地。横店镇是国家可持续发展实验区、国家级影视产业实验区、浙江省高新技术实验区，先后荣获"国家卫生镇""全国文明镇"等 20 多项荣誉称号。2019 年 10 月，横店镇被评为"2019 年度全国综合实力千强镇"。

2019 年，横店镇紧紧围绕"党建引领，产业植入，全域影视，强村富民"思路，经济社会发展取得新成效，全年规模以上工业产值实现 196.65 亿元，同比增长 2.35%；完成固定资产投资 47 亿元，同比增长

图 16-2　横店镇近景图

图片来源：由摄图网提供。

33.26%；税收收入为 40.9 亿元；城镇和农村常住居民人均可支配收入分别为 6.32 万元和 4.46 万元，同比增长 9.9%和 10.1%；获批 2019 年度浙江省美丽乡村示范镇。

2019 年，横店影视城共接待中外游客 1918 万人次，接待电影电视剧组 310 个。横店影视城以平台化思维，推动基地升级，大力拓展影视拍摄场景。此外，横店影视城深化影视市场营销，与爱奇艺、腾讯、正午阳光等平台或影视机构建立战略合作关系，并推出了摄影棚免费、房价优惠等一系列利好政策，吸引剧组到横店影视城拍摄，实现双方共赢发展。

未来，横店镇将紧紧围绕"立足中国横店，做成中国样板"的工作目标，努力把横店镇打造成经济兴旺发达、社会和谐有序、城乡融合发展、干群齐心创业的中国标杆性样板乡镇。

◆ 宁波市江北区慈城镇

慈城镇（见图 16-3）位于宁波市江北区西北部，三面环山，一面临水，风景秀丽。镇域面积为 102.57 平方公里，与宁波市中心城区相距 20 公里，接壤余姚、慈溪、镇海，下辖 37 个行政村、8 个社区以及 4 个"撤村建居"股份经济合作社，户籍人口约为 5.9 万人，常住人口约为 10 万人。慈城镇目前有三大高速出入口（宁波北高速出入口、慈城高速出入口、保国寺高速出入口），是宁波城区连接上海的"桥头堡"，也是浙东南地区与上海联系的重要节点。

2019 年，慈城镇发展根基在攻坚克难中越发牢固，全镇实现 GDP 95 亿元，同比增长 6.5%；实现财政总收入 27.3 亿元；完成规模以上工

图 16-3　慈城镇鸟瞰图

图片来源："慈城发布"微信公众号。

业增加值 40.9 亿元，同比增长 10%；规模以上服务业增加值预计达到
14.5 亿元，同比增加 65%；全年完成固定资产投资 45 亿元，同比增长
37.6%。同时，慈城镇顺利跻身浙江省小城市培育试点考核第一方阵，
并在宁波市卫星城考核中连续 6 年位居第一。

　　2019 年全镇经济稳中有进，彰显新常态。千亿级工业培育企业金
田集团龙头地位稳固，年产 3 万吨特种线缆用高纯低氧铜绞线项目和年
产 4 万吨高精度铜合金带材项目等都顺利竣工，扩建项目顺利推进；三
星产业园全年产值增长 20%，长阳科技、激智科技、惠之星等膜材料
年产值达 16.5 亿元。此外，慈城镇全年新引进项目 699 个，注册资金
53.1 亿元，并相继招引了伊士通、爱柯迪产业园、共盛科技、大央科技
等一批优质工业项目。同时，利用长三角协同优势，巨人网络、天弘益
华、银泰永亨等优质服务业企业"花落"慈城，芯酿科技项目、国家级

众创空间浙江大学工业研究院、浙江省知识产权技术交易中心宁波平台等项目顺利落户。

未来，慈城镇将围绕"文化立镇、经济强镇、开放兴镇、生态美镇"战略，持续保发展、兴古城、优环境、强民生，让江南千年古县名城的发展基础更加坚实。

◆ 金华市义乌市佛堂镇

佛堂镇（见图16-4）位于义乌市南部，镇域面积为134.10平方公里，下辖6个工作片、56个行政村、7个社区，户籍人口8.2万人，常住人口22万人，是义乌市第一大镇。佛堂镇因佛而名，因水而商，因商而盛。自清代以来，商贾云集，为义乌市内的商品流通中心，素有"小兰溪"之称，更享有"千年古镇""清风商埠""佛教圣地"的美誉。小镇先后获得"全国重点镇""中国历史文化名镇""美丽宜居小镇""国家发展改革委新型城镇化试点镇""国家卫生镇"等称号。

佛堂镇围绕优化产业抓发展，以特色工业化带动新型城市化，形

图 16-4　佛堂镇鸟瞰图

图片来源："佛堂城事"微信公众号。

成针织、工艺品、食品药品、金属制品、文体用品五大优势产业集群，产业链逐步优化。同时，加快实施创新驱动发展战略，培育新的经济增长点，积极招引影视文化小镇等优质项目，推动产业结构向中高端迈进，加快引进高新技术企业，完成从工业强镇到创业新城的转变。

为彰显特色的传统文化，小镇成立佛堂镇文化旅游区管委会、联合建设创作基地，与多家企业签署战略合作协议，推进古镇保护开发利用，打造佛堂油画艺术区，成立乌克兰国家艺术家联盟首个中国创作基地。此外，启动双林文化园开发，委托国内顶级规划单位，开展双林文化园 17 平方公里概念性规划和核心区块控制性详规编制工作，加快传统村落保护与开发。

未来，佛堂镇将以"对标自贸区、干实试验区"为总抓手，坚定"打造浙中城市新标杆"这一目标，以产城融合为突破口，努力让小城镇的产业形态更加鲜明、人居环境更加优越、传统文化更加彰显、基础配套更加完善。

◆ 嘉兴市秀洲区王店镇

王店镇（见图 16-5）位于嘉兴市区的西南近郊，沪杭铁路、乍嘉苏高速公路、沪杭甬高速公路、京杭大运河水系长水塘穿境而过。镇域面积为 115.87 平方公里，其中建成区面积为 4.5 平方公里，总人口近 10 万人。王店镇先后荣获"浙江省文明镇""浙江省小家电专业商标品牌基地""浙江省旅游百强镇""嘉兴市品牌示范镇""嘉兴市专利示范镇""嘉兴市特色文化镇"等称号。2018 年、2019 年，王店镇均入选

"最美特色小城镇 50 强";2019年 10 月，王店镇入选"2019 年度全国综合实力千强镇"。

2019 年，全镇工业经济稳中有进，实现规模

图 16-5　王店镇鸟瞰图

图片来源："嘉兴市秀洲区王店镇党委"官方微博。

以上工业总产值 92 亿元，同比增长 4.9%。纺织业产能进一步释放，实现行业产值 39.2 亿元；保温行业快速增长，完成行业产值 12.3 亿元，同比增长 26.9%；集成装饰行业稳步发展，完成行业产值 31.46 亿元，同比增长 5.9%。依靠出色的区位优势，聚焦智能制造、智慧物流等产业，秀洲智慧物流小镇就落户在此。围绕现代物流产业链招商，王店镇已引进企业 500 余家（其中世界 500 强企业有 5 家），并整合了大量专线物流、货运代理、第三方物流等企业，"零地招商"引入各类物流企业 500 多家，极大地提高了土地节约集约化水平。

未来，王店镇将围绕"三镇联创"，加快打造现代物流高地、特色工业名镇、梅里宜居新城，为高水平全面建成小康社会而努力奋斗。

◆ 嘉兴市嘉善县西塘镇

西塘镇（见图 16-6）位于江浙沪三地交界处，地理位置优越，交

图 16-6　西塘镇远景图

图片来源："西塘发布"微信公众号。

通便捷，距嘉善城区 10 公里，全镇行政区域面积为 82.87 平方公里。西塘历史悠久，是古代吴越文化的发祥地之一、江南六大古镇之一，为吴地方文化的千年水乡古镇，先后获得"亚太地区文化遗产保护杰出成就奖""中国历史文化名镇"等荣誉称号。

西塘古镇区拥有约 25 万平方米明清建筑，被誉为"生活着的千年古镇"。西塘以独特的人文景观、历史蕴含和质朴的民风民俗为主题，打造水上风情游览、古建民居景观、廊棚休闲漫步、古镇之夜等旅游项目。西塘镇还是"中国纽扣之乡"，我国制造的纽扣有一半来自嘉善西塘，其牢牢占据全国纽扣市场的"半壁江山"。伴随着纽扣产业龙头企业自身实力的提升，西塘纽扣与文化、科技、创意、互联网深度融合，不断涌现出新业态、新模式、新制造，促进西塘纽扣产品向符合环保、时尚和文化需求的中高端纽扣市场发展。

2006 年，西塘古镇被列入中国世界文化遗产预备名单；2017 年，西塘古镇晋升为国家 AAAAA 级旅游景区；2018 年、2019 年，西塘镇均入选"最美特色小城镇 50 强"。景区门票收入连续两年破 2 亿元大关，接待游客量突破千万人次，成为名副其实的千万亿超级大景区。2019 年，西塘先后获得"浙江省首批旅游风情小镇""浙江省优质旅游经典景区""浙江省首批诗路旅游目的地"等称号，西塘国旅荣获"浙江省百强旅行社"（排名浙江省第 14 位、嘉兴市第 1 位）和"产业融合奖"。

今后，西塘镇将以景区村庄旅游、旅游大项目开发、"旅游+"融合为重点，深度发展全域旅游；致力于从传统工业向高端制造和科技创新转型，结合西塘旅游资源，积极打造长三角地区进口商品重要集散地，努力把西塘打造成践行长三角区域一体化发展国家战略的"桥头堡"和"先锋兵"。

◆ 宁波市宁海县西店镇

西店镇（见图 16-7）位于宁波市南部，象山港西岸，宁海县北大门，系宁波南部三县的交通要塞。陆地面积为 102.3 平方公里，海域面积为 26.7 平方公里，建成区面积接近 10 平方公里。辖 22 个行政村（48 个自然村），户籍人口 4.6 万人，常住人口近 10 万人。西店镇先后获得

图 16-7　西店镇远景图

图片来源："西店发布"微信公众号。

"全国重点镇""全国发展改革试点小城镇""中国千强镇""浙江省百强镇"等荣誉称号。

西店镇现已形成家用电器、金属制品、文教用品、汽车部件、模具制造五大主导产业和蛋鸭、牡蛎、香鱼等 10 个区域化特色产业基地。其中，最亮眼的就是西店的手电筒制造业，现有 1200 余家手电筒相关企业。作为我国最大的移动照明生产集聚区，西店镇占据了全国 70% 的手电筒生产份额，凭借传统模具业和塑料业优势，西店镇手电筒行业在 20 世纪 90 年代迅速崛起，21 世纪初一跃成为国内最大的镇级手电筒生产基地，近年来逐渐呈现出专业化、品牌化发展的趋势。

当下，西店结合区域特色，以产业转型升级为主线，全面实施"一从严三加快"，即从严对标整治，加快入园集聚、加快改造升级、加快合作转移，不断提高经济发展质量和水平，从而实现生产、生活、生态

"三生融合"的最终目的。

　　未来，西店镇将深入实施宁海县"创新破难奋进年"活动，大力开展"高质量西店"建设，向着经济更强、城市更靓、生态更佳、百姓更富、社会更稳的新西店目标不懈奋斗。

第十七章
广东篇（6 个）

◆ 佛山市顺德区北滘镇

北滘镇（见图 17-1）古称"百滘"，意为"百河交错、水网密集"，位于佛山市顺德区东北部，处于广州主城区、佛山新城、顺德主城区三城的交会处。先后获评"中国家电制造业重镇""国家卫生镇""国家级生态乡镇""全国安全社区"等多项荣誉称号。

近年来，北滘镇"稳增长、促转型、拓空间"的工作卓有成效。2019 年实现地区生产总值 645 亿元，同比增长 7.3%，领跑顺德区，GDP 约占顺德区总量的 1/5；规模以上工业总产值为 3043 亿元，同比增长 9.9%，首次突破 3000 亿元大关；全社会固定资产投资额达 145 亿元，同比增长 13%；线上贸易住宿餐饮业营业额为 326 亿元，同比增长 18%；出口交货值为 830 亿元，同比增长 9.1%。北滘镇经济发展稳中有进，创新动能持续增强，2019 年北滘镇专利申请数和授权数超 1.5 万件，25 家企业被纳入佛山市顺德区知识产权重点保护企业名单，16 个单位获 2019 年度省知识产权工作专项资金，各项专利数据居顺德首位。

图 17-1　北滘镇鸟瞰图

图片来源："佛山市顺德区北滘镇人民政府"网站。

　　在粤港澳大湾区背景下，北滘镇的创新和进取，表现出了中国制造抢占全球价值链中高端市场的决心和勇气。2020 年，北滘镇将推进"智能制造强镇"建设：借力"村改"，谋划建设"三大万亩现代产业集聚区"，形成东部机器人谷产业集聚区、南部创意设计与智能家居产业集聚区以及北部智能制造和生产性服务业集聚区，打造智能制造高地、机器人产业高地和工业设计高地。

◆ 佛山市顺德区乐从镇

　　乐从镇（见图 17-2）位于顺德区西北部，处于佛山市中心城区的南部，距广州市 30 公里，距香港、澳门仅 100 多公里，地处粤港澳大湾区中心地带。325 国道贯穿南北，东平水道和顺德水道夹镇而流，地理位置优越，水陆交通便利。乐从镇下辖 19 个村委会和 4 个居委会，常住人口近 32 万人，是广东省著名的"侨乡"。

乐从镇是佛山"一环创新圈"、三龙湾高端创新集聚区的重要板块，是两大国家级对外合作平台——中德工业服务区、中欧城镇化合作示范区的核心区所在地。同时，也是全国有名的商贸强镇，拥有家具、钢材、塑料三大专业市场，先后荣获"中国家具商贸之都""中国塑料商贸之都""中国钢铁专业市场示范区""国家水利风景区"等称号。2019 年 9 月 11 日，乐从镇入选"2018 中国乡镇综合竞争力 100 强"；

图 17-2　乐从镇远景图

图片来源：由乐从镇提供。

2019 年 10 月 8 日，乐从镇入选"2019 年度全国综合实力千强镇"，位列前 100 名。

2019 年，乐从镇紧抓粤港澳大湾区、三龙湾高端创新集聚区以及高质量发展综合示范区建设带来的黄金机遇，全力以赴推动乐从镇在产业动能转换、村级工业园改造、城市形态重塑、乡村振兴、社会民生等方面高质量发展。2019 年上半年，全镇工业总产值 64.97 亿元，同比增长 2.34%；贸易行业销售收入达 519.80 亿元，同比增长 3.02%；三大专业市场销售收入达 468 亿元，同比增长 1.44%，其中钢材市场销售额为 381.1 亿元，同比增长 1.4%，塑料市场销售额为 46.2 亿元，同比增长 1.59%，家具市场销售额为 40.7 亿元，同比增长 2.36%，经济发展呈现积极向上势头。

未来，乐从镇将以全球化视野谋划传统家具市场的创新变革，以"泛家居"理念推动科技、模式、产品、业态、管理等方面创新，引导创新资源向家居设计、家具外贸等领域汇聚，推动家具市场从"卖家具"向"推生活"的全链条式"乐从家居"转型升级，在高质量发展机制改革创新上打造家居产业发展的"乐从样板"和"乐从示范"。

◆ 中山市古镇镇

古镇镇（见图 17-3）位于中山市西北部，西临珠江流域西江主航道下游，与中山、佛山、江门三市交界，东南距澳门 69 公里，北距广州 80 公里，经广州至深圳 212 公里，便捷的交通为古镇镇特色产业发展奠定了良好的基础。

经济建设和社会各项事业的全面发展，为古镇镇赢得了各种荣誉，

图 17-3　古镇镇远景图

图片来源："灯都古镇"微信公众号。

古镇镇先后被授予"中国灯饰之都""中国花木之乡""国家文明镇""国家卫生镇""国家新型工业化产业示范基地""中国轻工业特色区域和产业升级示范区""国家外贸转型升级基地（灯饰）""中国特色小镇""中国盆景小镇""全国环境优美乡镇"等一系列荣誉称号。2019 年，入选"2019 年度全国综合实力千强镇"，排名第 71 位。

　　改革开放以来，古镇镇按照"工业立镇，工农商并举"的发展思路，逐步从单一的农业经济镇发展为区域特色经济明显，以灯饰、花卉苗木两大产业为支柱的工业城镇。近年来，古镇镇大力推行知识经济强镇，推动灯饰业逐步从工业经济向创意经济发展，经济质量不断提高，经济实力不断增强。目前，古镇镇已形成"橄榄型"社会结构，居民收入高，生活富裕，已达到中等发达国家的水平。

◆ 佛山市南海区西樵镇

西樵镇（见图 17-4）东临南海区沙头镇，南接九江镇，西邻高明区、三水区，东距佛山市区 27 公里，距离广州市区 45 公里，是"南海西樵山遗址文化"的发祥地。西樵深厚的历史文化底蕴与得天独厚的环境资源优势，不断推动着西樵在文旅、产业、生态、民生等领域的全面提升。

当前，西樵镇紧紧围绕产业转型升级、文旅特色引领、城市生态提

图 17-4　西樵镇鸟瞰图

图片来源："中国共产党佛山市南海区西樵镇委员会宣传文体办公室"官方微博。

升、村级工业园改造提升、乡村振兴等主题，力促重点项目建设，为西樵的高质量发展奠定了更加坚实的基础。2019 年，西樵全镇实现地区生产总值 186 亿元，同比增长 7%；固定资产投资完成 99 亿元，同比增长 11.45%；全年接待游客 654 万人次，同比增长 10.04%；全年招商引资项目 36 个，其中超 1 亿元项目有 11 个、超 10 亿元项目有 3 个。

　　未来，西樵镇将以重点项目为抓手，加快国家生态公园建设，突出桑基鱼塘特色，优化水道沿岸绿化景观，完善农业文化配套设施。同时，还将策划开辟环西樵山水上观光旅游专线，启动官山涌北岸及"西樵海鲜坊—欢乐天地滨水景观"改造，优化官山涌"一河两岸"城市滨水空间，打造岭南水乡绿色走廊。

◆ 江门市蓬江区棠下镇

　　棠下镇（见图 17-5）位于珠江三角洲腹地，与佛山隔西江相望，不仅是珠西的综合交通枢纽，也是粤港澳大湾区的"大西门"，区位优势显著。全镇镇域面积达 131 平方公里，主要划分为天沙、江沙和天河三大片区，分别作为金融商务会展中心、产业园区和生态风景区。

　　天沙片区以广东银葵医院和已经建成的珠西国际会展中心、保利商圈、江门市体育中心等一大批现代化服务设施为依托，打造具有康养特色、宜居宜业的城市新区；江沙片区以制造业为主，凭借海信电子、康师傅顶津饮品、大长江集团、天地壹号、金莱特电器等一批国内外知名项目，重点发展精密机械、智能家电、健康食品、环保涂料四大主导产业，打造产业特色；天河片区在棠下镇镇域以北，凭借"后珠玑巷"良溪村、"端午赛龙舟"石头村、"周家拳"沙富村以及龙舟山森林公园和

图 17-5　棠下镇鸟瞰图

图片来源：由杭州数亮科技股份有限公司提供。

大雁山等文化旅游景区发挥文旅特色。

棠下镇基于产业基础，选择制造业作为特色产业，以高精尖产业为主，突出智能化开发战略，结合棠下镇的四大支柱产业选择智能制造作为重点方向。2019 年，棠下镇积极帮助企业强强联合，成功将江门市斯贝科技缸套有限公司落户并完成供地，项目总投资额为 1.2 亿元，并协调大光明粘胶与鹤山联塑软管签订 2019 年全年 4000 万元的订单。

棠下镇具有良好的产业基础和深厚的文化底蕴，2019 年 10 月，棠下镇入选 "2019 年度全国综合实力千强镇"。全镇将产业和旅游结合起来，依托高端制造和 "后珠玑巷" 品牌，建设具有文化特色的高端制造集聚区，是江门市制造业和旅游业实现产业转型升级的重要举措，为其他地区的小城镇特色塑造提供了经验借鉴。

◆ 珠海市斗门区斗门镇

斗门镇（见图 17-6）位于珠江三角洲南端，地处斗门区西北，东枕雄伟的黄杨山系，南邻乾务镇，西隔虎跳门水道，与新会区沙堆镇相望，北与莲洲镇接壤。斗门镇历史悠久，人杰地灵，是具有多样化特色的历史古镇，荣获"中国历史文化名镇""中国家电制造业重镇""国家级生态乡镇""省旅游特色镇"等称号。2019 年被选为"2019 年度全国综合实力千强镇"。

斗门镇大力建设以电子电器为龙头的高新技术产业基地和以乡村休

图 17-6 斗门镇鸟瞰图

图片来源："今日斗门"微信公众号。

闲为重点的粤港澳旅游目的地，形成一二三产业联动的多元化经济体系，业成轨道、格莱利摩擦、紫翔电子等高新技术企业加速集聚。同时，斗门镇重视城镇建设规划，全镇采用"一心三轴四组团"的功能发展结构，注重空间布局与自然环境协调发展，新、旧城区和农村协调发展。以恢复生态、改善人居环境为原则进行美丽乡村建设，实现"一村一公园"，全面推进农村人居生态环境综合整治工作。

未来，斗门镇将以"超前引领产业转型升级，以城市化带动区域发展，主导产业特色鲜明"为发展战略，致力于建设成为智能家电特色鲜明的幸福宜居魅力小城；并建设智能制造、影视文化、休闲旅游、宜居社区四大引擎带动的多元新城，面向珠三角，引领珠海西部地区发展。

第十八章
山东篇（5 个）

◆ 潍坊市寿光市羊口镇

羊口镇（见图 18-1）位于寿光市最北部，渤海莱州湾西侧，小清河入海口处，素有"莱州湾畔的一颗明珠"的美誉。小镇交通便利，地域资源丰富，有着浓郁的文化底蕴与得天独厚的发展优势。羊口镇先后被授予"全国重点镇""全国环境优美乡镇""国家级特色镇""省级文明镇""省级中心镇""山东省旅游强乡镇"等荣誉称号，并被列为山东省首批扩权强镇试点镇、山东省首批经济发达镇改革试点镇、山东省首批新生小城市试点镇。

2019 年，羊口镇紧紧围绕寿光市委、市政府工作部署，紧扣高质量发展主线，明确了以"渔、盐、康养、文旅、教育"为核心的五大特色产业体系和以"港铁融合物流园、先进制造业"为主导的两大支柱产业布局，在更高层次上推动产业全面振兴。此外，羊口镇全面提升招引载体、推进产业集群建设，先后引进河北客商收购国鹏轮胎、东方雨虹并购山橡防水等 30 多个在谈项目；落地力创机械、广慧新材、卫东高纯石墨烯新材料等 25 个项目，计划总投资额为 55 亿元；盘活鲁周实业、永力重工等 8 个项目，累计盘活低效及闲置用地 2000 多亩。同时，与北京化工大学、清华大学院士团队、德国拜耳工业、中德化工园区合作联盟开展深入合作，建设人才培养基地、科技孵化平台及产学研转化基地，引进各类人才 120 多人，成功举办了中国纺织工业联合会新溶剂法再生纤维素纤维关键技术及应用科技成果推广会。

为持续提高工作质量，羊口镇党委紧抓山东省首批经济发达镇改革试点镇重大政策机遇，全面承接行政审批权限下放，扎实推进乡村振兴、动能转换、双招双引、经略海洋等战略性重点工作，带动全镇经济不断打开新局面，争当全市高质量发展排头兵。在不远的未来，一座精致、有温度的现代化滨海小城将在小清河入海口崛起。

图 18-1　羊口镇远景图

图片来源："海滨小城新羊口"微信公众号。

◆ 威海市荣成市虎山镇

虎山镇（见图 18-2）地处荣成市西南，海岸线长 30 公里，拥有海珍品天然养殖牧场 8 万亩，是全国水产养殖标准化示范区，养殖对象以海参、鲍鱼、海蜇、对虾等海珍品为主。

虎山镇深入挖掘传统海参产业的市场潜能，把海参产业转型升级作为引领区域经济发展重点之一，聚焦海参全产业链、智能苗种工厂化育苗、海参养殖能源利用"三个一体化"发展，推动区域特色发展不断迈上新台阶。2019 年年初，虎山镇启动实施了"海参小镇"综合体项目，包括海参风情街、海参体验馆、海陆娱乐中心及 6 处人工岛等子项目及周边配套餐饮、酒店等服务设施，整合海、岛、滩、林、山等资源，串联起 150 亩生态农业种植基地和休闲观光体验中心、5

图 18-2　虎山镇远景图

图片来源："荣成虎山"微信公众号。

万亩国家级海洋牧场、3 公里海上观光走廊等核心元素，拉动区域旅游经济快速发展。

2019 年，虎山镇多次积极对接各大高等院校及专家团队，深入开展"海参小镇"建设指导交流活动。同年 4 月，中国科学院组织专家团队走进好当家集团，双方针对"海参小镇"用地和资金规划、建设方案等事项开展研讨，并与好当家集团达成长期合作意向。

未来，虎山镇将以"海参小镇"品牌特色为核心，深度挖掘旅游资源，联合辖区企业打造秋季海参捕捞节、海洋嘉年华、全国海钓精英赛等品牌活动，打造别具风情的产业集聚区，为助推全市新旧动能转换和海洋经济高质量发展贡献力量。

◆ 枣庄市滕州市西岗镇

西岗镇（见图 18-3）位于滕州市西南，距微山湖、京杭大运河 3 公里，拥有"四纵六横一环"主干路网和铁路专线，以及公铁水联运港口。西岗镇先后被评为"全国重点镇""全国千强镇""国家级生态镇""国家级小城镇综合改革试点镇"，是山东省首批"百镇建设示范行动"示范镇。

西岗镇是枣庄市工业强镇，是全国最大的无机硅新材料生产基地，是全国唯一设立的中国"特种硅胶孵化基地"。截至 2019 年年底，西岗镇硅质新材料企业超过 10 家，产品涵盖 6 大类、30 余个品种，形成了集群度高、链条完善、优势明显的产业体系。同时，拥有服装、钢材、蔬菜、苇制品等 12 个大型专业批发市场、3 个物流中心、3 个停车场和大型汽车站以及数量众多的连锁超市和商业零售网点，个体工商户已发

图 18-3　西岗镇鸟瞰图

图片来源："西岗镇人民政府"微信公众号。

展到 6000 余家，是鲁西南乃至整个苏鲁豫皖接合部较大的商品集散地和商贸物流中心。

西岗镇以综合行政执法体制改革为契机，成立了具有独立执法权的综合行政执法中队，创新社区管理和社会组织管理体制，加快形成社区居民自我管理、自我教育、自我服务新机制，完善"一站式"便民服务中心运行机制。

未来，西岗镇将以创建国家级新材料特色小城镇为目标，加快产业转型升级和技术革新，加强科技研发和国际交流，集聚产业新动能，扩大行业市场话语权和国际竞争力，加快建成全国领先、世界一流的无机硅新材料产学研基地。

◆ 青岛市胶州市李哥庄镇

李哥庄镇（见图 18-4）位于胶州市最东部，镇域面积为 75 平方公里，常住人口 10.2 万人，城镇化率达 75%。

李哥庄镇农业、工业、城镇建设迅速发展，文教科技、社会事业相对完善，拥有"全国首批发展改革试点镇""全国重点镇""中国制帽之乡""山东省旅游强镇""山东省'百镇建设示范行动'示范镇""山东省经济发达镇""行政管理体制改革试点镇"等称号。

李哥庄镇为突出特色产业优势，加快传统产业高端化发展，不断整合镇内传统产业资源，建设尚艺产业城，打造集产品研发生产、展览展示、仓储运输、物流管理等功能为一体的基础设施平台，对三大产业主体企业以租赁转让或合资合作的方式进行经营管理，推动企业向园区集中，打造总部经济，推动价值链前端的研发、中端的生产、后端的服务三段同步提升。

李哥庄镇加快传统产业转型升级，在提高全镇企业的生产能力、产品质量和技术水平的同时，注重产品质量标准建设，如制帽产业的"六片运动帽生产标准"，成为我国首个制帽"国标"。

随着胶东国际机场的建设，这个"中国制帽之乡"又迎来了新的发展机遇：

图 18-4　李哥庄镇鸟瞰图

图片来源："小城李哥庄"微信公众号。

一打打帽子、一顶顶假发、一件件工艺品……在借"机"腾飞的空港小镇，这些传统制造业产品将开启它们新一轮的全球之旅。新项目催生新业态，旅游度假、电子商务、健康养老等一批现代高端服务业态即将在李哥庄镇涌现、生根，一个宜居、宜业、宜游的临空生态智慧小城市正在迅速崛起。

◆ 泰安市新泰市西张庄镇

西张庄镇地处山东半岛蓝色经济区和省会城市群经济圈交叉相邻区域，泰新高速穿境而过，103 省道横贯东西。镇区距京沪高速公路新泰西出口仅 1.5 公里，距泰安城区和济南国际机场分别仅有半小时和一个半小时的车程，交通便利，区位优势明显，供电、供水、供热、环保等配套设施齐全，现代物流、商贸服务、金融保险等现代服务业发展迅速。工业在全镇经济中占主导地位，以纺织、服装等行业为主，兼有新材料、食品、机械制造等门类，是山东省重点纺织服装产业基地之一。

近年来，西张庄镇党委、政府围绕经济增长平台建设，立足自身实际，加大基础设施建设力度，科学规划，精心组织，小城镇整体服务功能、载体功能日益完善，有力地促进了镇域经济的全面发展。西张庄镇以特色亮点培育行动为抓手，全面实施乡村振兴战略，持续推进"四区联动"，全镇经济社会协调健康发展，先后获得"山东省美丽宜居小镇""山东省特色产业镇""泰安市乡村文明行动美丽乡镇""新泰市先进基层党委"等荣誉称号，2019 年 10 月，西张庄镇入选"2019 年度全国综合实力千强镇"。

第十九章
福建篇（3 个）

◆ 泉州市晋江市金井镇

金井镇（见图 19-1）位于闽东南晋江沿海，距金门岛仅 5.6 海里，海岸线长 26.5 公里，辖 2 个社区、20 个村委会、60 个自然村和 2 个居委会，有旅居海外的侨胞和港、澳、台同胞 10 多万人，是福建省著名的"侨乡"，经济实力居福建省百强乡镇第 25 位。金井镇拥有花岗岩、玻璃沙、浅海滩涂等自然资源和石圳变质岩、西资岩石佛、围头金沙湾、"八二三"炮战遗址等旅游资源。同时，也是皮革、纺织重镇，著名的福建七匹狼集团有限公司就位于该镇。

金井镇高起点、高标准推进小城镇改革，同时把握晋南辅城区中心地位，拓展延伸北部产业集中区、中西部城镇生活区、东部旅游度假区和南部港口物流区的城镇空间布局，完成海岸线布局，拉开整个城镇框架。借助优越的滨海资源条件和试点带来的各种资源投入，金井镇大胆突破，引进福大科教园区，推进智慧渔村战略，实施滨海旅游连片开发，为金井发展注入新动能，打造了"产、城、文、人"融合发展平台，加速实现了产业、城市、文化与人的良性互动、协调发展。

图 19-1　金井镇鸟瞰图

图片来源："湖头事"微信公众号。

未来，金井镇将深化"项目突围攻坚年"活动，推行党政领导挂钩项目，绘制 28 个市级重点项目"作战图"，推进无障碍施工，加快引进一批支柱型、效益型项目。依托福州大学晋江科教园打造科教产业高地，推进滨海乡村旅游连片开发，打造乡村旅游胜地，加快七匹狼、塘东文创园建设，打造文创基地。

◆ 泉州市石狮市蚶江镇

蚶江镇（见图 19-2）位于石狮市北部，辖 19 个行政村和 1 个 5 万吨级港口，拥有两处世界文化遗产。宋元时期是"光明之城""东方第一大港"——刺洞（泉州）的门户，海上丝绸之路的起点。2019 年 2 月，被文化和旅游部命名为 2018—2020 年度"中国民间文化艺术之乡"；同年 10 月，蚶江镇入选"2019 年度全国综合实力千强镇"。

作为海上丝绸之路的起点，石湖港始建于 1996 年，是一个综合性码头，从事集装箱和散杂货装卸、仓储、拆装业务，是海峡两岸"三通"的线港，是华南地区国内集装箱枢纽港和泉州湾中心港区。以石湖港为依托的石狮经济开发区的建设步伐加快，带动了港口航运、物流业的迅猛发展。

图 19-2　蚶江镇远景图

图片来源："石狮市人民政府"网站。

今后，蚶江镇将以石湖港区发展为龙头，推进沿海大通道锦江外线工程，打造 4000 亩生态湿地，进一步改善人居环境，打造环泉州湾港口新城镇。推动产业升级，完善公共服务，提升城镇化建设水平，建设一个"海丝起点、古港门户、智能制造、人文荟萃、生态宜居"的"新蚶江"。

◆ 泉州市安溪县湖头镇

湖头镇地处闽南金三角，是安溪县北部中心城镇。全镇面积 100.03 平方公里，全镇辖 29 个村、3 个社区居委会，常住人口 8 万多人，流动人口 1 万多人。湖头镇历史悠久，文化底蕴深厚，经济社会事业平稳、快速发展，素有"小泉州"之称，是"中国历史文化名镇""福建省首批历史文化名镇""首批文化文物示范村镇""全国综合实力千强镇"。

湖头镇安溪经济开发区湖头工业园自建园以来累计产值近 300 亿元，已成为福建省规模最大、类别最全的 LED 产业集群。规划建设面积达 19.8 平方公里的湖头工业园，分为重工业和轻工业两个功能区，重工业区已有三安集团、安溪煤矸石发电有限公司、奇信镍业有限公司、三元集发水泥有限公司、湖头水泥有限公司、龙山水泥有限公司等企业入驻；轻工业区有宏泰鑫轻质墙材有限公司、厦门国道建材有限公司湖头矿粉厂、翔安工程机械配件、安华装饰材料等建材产业上下游企业入驻。目前，园区共引进高端人才 139 人，高端人才集聚呈现百花齐放的良好态势。

未来，湖头镇将加快光电产业园建设，加快三个"推进"：推进轸丰超大碳纤维、臻璟氮化铝等新材料项目建设，培育具有重大引领带动作用的未来产业；推进大成智能区建设，力促尚品千艺、长春一汽四环配件、纯棉水刺无纺布等高端装备制造项目建成投产；推进安恒物流、香港大发食品、特铝五金等项目建设，主动融入闽西南协同发展区建设，增强湖里园、思明园合作质效。

第二十章
贵州篇（2 个）

◆ 遵义市仁怀市茅台镇

　　茅台镇（见图 20-1）隶属于仁怀市，位于贵州高原西北，是川黔水陆交通的咽喉要地，也是连接历史名城遵义和国家级旅游景区赤水的重要通道，被誉为"中国第一酒镇""世界酱香型白酒主产区""中国酒都核心区"。2017 年 11 月，获评"2017 年度中国十大品质休闲基地"

图 20-1　茅台镇鸟瞰图

图片来源："仁怀市人民政府"网站。

和"第五届全国文明村镇"；2018 年、2019 年均入选"全国综合实力千强镇"。

茅台镇以酒产业为主导，近年来，以酱香酒为主的白酒制造业开始转型升级，产业链条不断延伸，丰富产业内涵和层次，优化发展结构。同时，结合茅台酒文化、红色文化、盐运文化、民俗文化和生态资源优势，做大做强茅台酒文化旅游产业。

未来，茅台镇将继续巩固提升茅台镇酱香型白酒产业，坚持中高端产品定位和发展路线，提升白酒的质量和品牌效益。完善优质高粱种植、白酒酿造、贮藏和服务包装等产业建设，做大做强白酒产业集群。以白酒产业园为核心，规范、配套和整合中小酒业的发展。同时，加速推动产业融合，以白酒产业为依托，建设工业旅游区，融合旅游业与山地农业发展，带动产业结构调整转变，增强旅游发展的地域特色与内涵活力，推进城镇的品质化发展。

◆ 遵义市播州区鸭溪镇

鸭溪镇（见图 20-2）位于遵义市播州区西部，地处群山之中的平坝内，是贵州省革命老区镇、经济强镇、商贸强镇、能源大镇，更是闻名全省的"黔北四大名镇"之一。全镇镇域面积为 121.4 平方公里，城镇建成区面积约为 5 平方公里，城镇化率达 73%。

鸭溪镇是播州区西部煤电、汽车制造、酿酒和包装产业基地和经济、文化、商业、教育中心。拥有和平经济开发区、贵州航天特种专用车产业园、生态循环经济产业示范园等多个产业园区。

鸭溪镇始终按照"生态立镇、产业强镇、城镇兴镇、特色活镇、人文靓镇"的发展思路，统筹推进经济、政治、文化、社会、生态文明和党的建设各项工作，先后荣获"全国重点镇""全国可再生能源示范镇""中国最具特色魅力

图 20-2　鸭溪镇远景图

图片来源："播州区政府网"微信公众号。

镇""中国特色镇发展创新最佳案例奖""中国工业发展型生态循环产业特色小镇""省列省级示范小城镇""省级生态乡（镇）""全省文明乡（镇）""遵义卫星城"等荣誉称号。

第二十一章
辽宁篇（2 个）

◆ 鞍山市海城市西柳镇

西柳镇（见图 21-1）地处沈阳经济区与沿海经济带的战略节点，区位交通优势明显。全镇总面积为 64.12 平方公里，辖 5 个街道、9 个行政村，常住人口 8.2 万人。

西柳镇率先培育了闻名全国的服装大市场：占地面积为 6 平方公里，营业面积为 2.36 平方公里，商铺总量 2.6 万个，经营从业人员 8 万余人，市场经营服装、面辅料、针织、家纺、小商品等 32 大类、2 万余种商品。据统计，市场已在国内各大专业市场和东北、西北、东南等边境口岸完成驿站布点 30 余个，产品销往韩国、日本、朝鲜、蒙古国、哈萨克斯坦、俄罗斯等 70 多个国家和地区，粗犷豪放、简约时尚的"西柳服饰"成功登上"一带一路"世界舞台。

2019 年，西柳镇在荣获"中国裤业名镇""中国棉服名镇""国家外贸转型升级基地"等称号的基础上，接连获评"中国纺织产业基地"、入选"2019 年全国淘宝镇"、获评"纺织产业特色名镇"，并且海城市

图 21-1　西柳镇鸟瞰图

图片来源："海城市西柳镇人民政府"官方微博。

西柳电子商务产业园被列入中国纺织服装创意试点园区。

　　未来，西柳镇将坚持新发展理念，坚持以改革开放为动力，紧紧抓住区域经济发展战略，深度融入三个对外开放经济圈，全力打造鞍山对外开放的新窗口。

◆ 营口市鲅鱼圈区熊岳镇

　　熊岳镇（见图 21-2）位于辽东半岛中部、渤海辽东湾东岸，交通物流发达、旅游资源丰富，是东北城镇综合功能最强镇和东北第一大镇。2018 年、2019 年，熊岳镇连续两年入选"全国综合实力千强镇"。

　　近年来，熊岳镇委、镇政府确定了"经济强镇、旅游强镇、生态强镇、文化强镇"的发展目标，依托熊岳输变电产业园，打造高端装备制

图 21-2　熊岳镇近景图

图片来源："营口发布"微信公众号。

造业，利用"山、海、林、泉、城"旅游资源，将旅游服务业作为优势产业。同时，不断壮大养老产业、现代农业。2019 年，全镇固定资产投资完成

1.3 亿元，规模以上工业总产值达 9.2 亿元，超额完成区计划指标，一般公共财政预算收入为 2.58 亿元，进出口总额达 2 亿元，镇本级开工一千万元以上的项目有 4 个，项目总投资达 5.41 亿元。

面向未来，熊岳镇编制了总体规划和特色概念性规划，科学合理地确定全镇产业布局、功能区划、发展方向等重大事项，确立了文化、休闲产业的主导地位，并着力构建温泉健康养老产业区、古城文化娱乐产业区、海滨旅游休闲产业区，全面建设东北文化休闲旅游名镇，全力打造东北振兴第一镇。此外，还将建设高效便捷的地区性综合交通枢纽、现代商贸服务业集聚区、旅游服务产业集聚区，最终打造现代、生态、宜居的区域中心城镇。

第二十二章
湖北篇（2 个）

◆ 宜昌市夷陵区龙泉镇

龙泉镇（见图 22-1）地处鄂西南，是一个"六山一水两分田，一分道路和庄园"的丘陵镇，是宜昌中心城区重要组团、夷陵区域副中心，距宜昌东站 12 公里、距宜昌港 19 公里、距三峡机场 18 公里。龙泉镇先后被确定为全国发展改革试点镇、全国行政管理体制改革试点镇、全国重点镇、湖北省"四化同步"试点示范镇。荣获"中国白酒名镇""全国文明村镇""全国创先争优先进基层党组织""湖北省第六届城市管理建设'楚天杯'""湖北省乡镇（街道）党委'十面红旗'""湖北省第二届人民满意公务员集体"等称号。2019 年 10 月，龙泉镇入选"2019 年度全国综合实力千强镇"。

龙泉镇工业经济优势突出，"稻花香""关公坊"牌系列白酒饮誉中外，以白酒为主导的食品、包装、纸品、建材、金属电器、玻璃制品六大工业产业已成支柱。龙泉镇推进产业转型升级，打造"旅游＋"品牌，特色工业游、乡村休闲游发展迅速。按照国家 AAAA 级旅游景区标准精心打造的龙泉铺古镇，以"三街九坊八十一铺"为空间布局，集商业、

图 22-1　龙泉镇近景图

图片来源："宜昌市夷陵区文化和旅游局"官方微博。

餐饮、住宿、娱乐、休闲于一体，是"三峡不夜城"和国内首个以"铺文化"为主题的文化旅游景区。

未来，龙泉镇将按照"山水酒城、田园龙泉"总体定位，建设产业特色鲜明、生态美丽宜居、特色文化彰显、设施服务完善的新型小城镇，以崭新面貌迎接八方来客。

◆ 仙桃市彭场镇

彭场镇地处美丽富饶的江汉平原，距仙桃城区 10 公里，西邻宜黄高速公路，321 省道、通顺河横贯全境。全镇面积为 162 平方公里，下辖 50 个村、4 个居委会，总人口 10 万人；集镇建成区面积 5.5 平方公里，集镇人口 5.5 万人。

彭场镇大力实施"小城镇，大战略"，坚持以城镇建设为载体，搭建产业发展平台；以产业集聚为支撑，壮大城镇经营实力。先后被评为"湖北省文明镇""湖北省'五个好'基层党委""湖北省工业民营经济强镇""全国重点中心镇""中国非织造布制品名镇"。2019 年 10 月，入选"2019 年度全国综合实力千强镇"。

彭场工业以无纺布产业为主如今，彭场镇生产全国 60% 的无纺布产品，占据全球市场份额的 25%，更成为"中国最大无纺布制品加工出口基地"。在 116 家无纺布系列企业中，无纺布生产、制品加工企业有 78 家，橡筋、拉链、纽扣、滤纸、分切、线厂和包装等配套企业有 38 家，年出口集装箱标柜 1.5 万多个，出口货值达 20 亿元，占全国无纺布制品出口总量的 40%，已成为全国最大的无纺布制品出口基地。

未来，彭场镇将以更加开明的政策、更加开放的形象、更加优越的环境、更加周全的服务，欢迎海内外客商前来投资兴业，大展宏图，共同打造中国无纺布工业城。

第二十三章
安徽篇（2 个）

◆ 宣城市宁国市港口镇

港口镇（见图 23-1）地处宁国市北陲，交通发达，区位优越，自然资源丰富，拥有石灰石、煤炭、陶土、黏土、膨润土、石英砂岩矿等优质矿产资源，是全国重点镇、安徽省改革和发展试点镇和安徽省土地流转试点镇。入选"2019 年度全国综合实力千强镇"。

截至 2019 年年底，港口镇实现规模以上工业总产值 62.28 亿元，同比累计增长 28.71%，年度税收完成 2281 万元。招商引资势头持续向好，成功签约投资 4 亿元的千年龙窑特色小镇项目，博臣新能源公司天然气分布式能源综合利用项目和安吉辊道窑酒坛项目正在推进中，屹达机械公司微短程自动液压件、精密异型等五金机械零部件项目已实施投产。

同时，港口镇紧紧围绕"挖掘特色、放大优势"的思路，深入打造西村花鼓、树木博览、千年龙窑、世外桃源、茶香慢城五大特色区域。未来还将规划建设廉洁文化主题景区、"7080"主题影视基地、程村石文化村落、长征拓展线路等旅游目的地，形成"特色小城镇+

全域旅游"的发展格局。

港口镇将充分利用自身地理区位、产业经济、文化资源等优势，积极借用特色小城镇在全国范围内兴起之势，通过规划引领、政府引导、多方参

图 23-1 港口镇鸟瞰图

图片来源："诗意宣城"微信公众号。

与、资源整合等手段，破解资源要素欠缺、有效供给不足、高端要素融合难等难题，推进自身经济的高质量发展。

◆ 芜湖市繁昌县孙村镇

孙村镇（见图 23-2）地处芜湖市西南，距繁昌县城 8 公里，沪铜铁路、沿江高速、S321 省道、淮九公路、宁安城际铁路穿境而过。镇域面积为 153 平方公里，耕地面积为 26.82 平方公里，辖 20 个村、3 个社区，常住人口 8.1 万人，是"以工业经济为支撑，以旅游商贸为特色"的安徽省级中心镇。荣获"中国产业集群品牌 50 强""中国出口服装制造名镇""安徽服装第一镇""安徽产业集群专业镇"等称号。2019 年 9 月，孙村镇入选"2018 中国中部乡镇综合竞争力 100 强"；同年 10 月，孙村镇入选"2019 年度全国综合实力千强镇"。

图 23-2　孙村镇近景图

图片来源："安徽省文化和旅游厅"官方微博。

孙村镇名胜古迹众多，自然风光优美，人文景观及传统文化独特，拥有国家级文保单位——"人字洞"古人类文化遗址和包括章家祠堂、犁山冶炼遗址、谭震林将军旧居在内的多处县级文保单位及革命遗迹。孙村镇主导产业特色鲜明，现有省级经济开发区 1 个，各类企业 700 余家，已形成轻纺服装、冶金铸造两大主导产业，年服装加工能力近一亿件，已成为皖东南最大的纺织服装加工基地。其中，轻纺服装产业已形成集纺织、染整、水洗、印绣花、制线、成衣加工、包装和物流于一体的服装产业链，华阳服装"SUNUS"、瑞得服饰"瑞兰得"等服装品牌初见成效，逐步形成"互联网＋"的营销思维，"栖凤阁"已成为淘宝汉服第一品牌。

未来，孙村镇将进一步依托自身资源禀赋、区位优势和产业基础，深入推进特色鲜明、产业发展、美丽和谐的特色小城镇建设，着力提升小镇品质内涵，让轻纺服装成为当地一张亮丽名片。

第二十四章
河北篇（2 个）

◆ 石家庄市鹿泉区铜冶镇

　　铜冶镇（见图 24-1）位于石家庄西南，是河北省最早的建制镇之一。全镇总面积 72.2 平方公里，总人口 5.4 万人，全镇公路密度达 2.7 公里 / 平方公里，位居全国前列。先后荣获"中国乡镇之星""中国乡镇投资环境 300 佳""全国小城镇建设试点镇""石家庄十大知名村镇"等称号。

　　铜冶镇紧紧围绕"打造绿色铜冶，建设现代化强镇"的发展定位，实现经济、社会的协调发展和全面进步。在农业上，遵循"牵龙头，带基地，联农户"的农业产业化发展思路，以"奶牛、葡萄、特菜"为主的农业"三小龙"产业化格局已经形成，40% 的农户通过产业化走上富裕道路。在工业上，形成了以乳品加工、精密铸造、特种轧辊、塑料加工、高新技术五大行业为主的新兴工业体系，年创产值 30 亿元。依托农业产业化国家重点龙头企业、国家高新技术企业——君乐宝乳业有限公司打造河北省级工业旅游示范点，推动建设君乐宝酸奶文化馆、亚洲最大单体生产车间、国家级乳品研发实验室、奶牛科普馆、挤奶大厅、饲养体验区等配套设施。

未来，铜冶镇将打造休闲商业模式，增加商务购物功能，在生活和商务配套上为主城区提供强大支撑，加快发展战略性新兴产业和现代服务业，着力打造重要的生态休闲区。

图 24-1　铜冶镇鸟瞰图

图片来源："鹿泉旅游"微信公众号。

◆ 邢台市清河县王官庄镇

王官庄镇（见图 24-2）地处清河县西南，是打虎英雄武松的故乡，是张氏文化发源地，下辖 49 个行政村，总面积为 72 平方公里，总人口 8.43 万人，是邢台市卫星城镇之一，是河北省人民政府命名的省级重点镇。入选"2019 年度全国综合实力千强镇"。

王官庄镇是我国北方最大的汽车摩托车配件生产销售基地，全镇拥有固定资产投资一百万元以上的企业 260 家。产品涉及汽摩钢索、密封条、胶垫、注塑件、冲压件、滤芯等 20 余类，有近 2000 个规格型号，不但与国内的北京现代、广州本田、一汽、二汽、陕西重汽、保定长城、长安福特等 30 多家汽车厂家及重庆嘉陵、济南轻骑等 40 余家摩托车生产厂家形成常年稳定的合作关系，还远销日本、印度尼西亚、泰

图 24-2　王官庄镇鸟瞰图

图片来源："中共王官庄镇委员会"微信公众号。

国、越南等 16 个国家和地区。

　　王官庄镇是宜居宜业的乐土，环境优越，服务功能完善。镇区工业区、商贸区、居民区、科教区、服务区规划建设布局合理。十纵六横的道路四通八达，文娱、游憩、商业服务中心已见雏形，街头游园、住宅小区星罗棋布，公共服务设施日趋完善，服务功能进一步提升。全镇政通人和，人民安居乐业，幸福指数不断攀升。

　　未来，王官庄镇将继续坚持抓人文、促和谐、抓服务、促发展的总体思路，打造工贸发达、生态优美、和谐向上的经济强镇。

第二十五章
海南篇（2 个）

◆ 琼海市博鳌镇

　　博鳌镇（见图 25-1）位于琼海市东部海滨、万泉河入海口，是国际会议组织——博鳌亚洲论坛永久会址所在地。全镇下辖 17 个村委会、205 个村民小组，总人口 2.7 万人，总面积为 86 平方公里，其中开发区总面积约 10 平方公里，博鳌亚洲论坛会址占地面积 1.8 平方公里。2019 年 10 月，博鳌镇入选"2019 年度全国综合实力千强镇"。

　　博鳌镇是海南著名的"华侨之乡"，美丽又充满风情的"天堂小镇"，自然风光优美，人文积淀深厚，融江、河、湖、海、山麓、岛屿于一体；集椰林、沙滩、奇石、温泉、田园资源于一身，有世界上自然景观保持最完美的出海口和享有世界吉尼斯纪录的"玉带滩"自然奇观。因博鳌亚洲论坛而成为风云际会的"亚洲之心"。

　　博鳌镇充分利用千载难逢的发展机遇，在旅游、生态上做足文章，取得了骄人的成绩。先后被中共中央宣传部、中央文明办、建设部、农业部、国家环保总局和海南省有关部门评选为"全国创建文明小城镇示范镇""全国创建环境优美小城镇示范点""全国乡镇经济综合开发示范

图 25-1　博鳌镇鸟瞰图

图片来源：由摄图网提供。

项目镇""全国农民服务基层文化工作先进单位""海南省文明单位标兵""海南省社会治安综合治理先进单位""海南省卫生乡镇""海南十大文化名镇"。

　　未来，博鳌镇将建设以独特山水、地域文化与良好生态为基础的，适合亚洲论坛发展的，具有世界一流水平的会议中心；将充分利用博鳌亚洲论坛的品牌优势和独特的自然生态资源，建设集休闲度假、观光体验、生态旅游、运动娱乐于一体的，具有国际一流水准的热带滨海旅游度假目的地。

◆ 文昌市龙楼镇

　　龙楼镇（见图 25-2）位于文昌市东部，拥有中国首座滨海航天发射场，是中国著名的航天名镇，行政区域面积为 98 平方公里，辖 11 个

村（居）委会，人口合计 2.5 万多人。境内的中国文昌航天发射中心是
国家第一个开放式的航天发射中心，每次航天发射，都会有十万左右的
游客涌入龙楼，观看壮观"飞天"盛况。

2019 年，全镇地方财政收入为 7858 万元；农村居民人均可支配收
入为 16514 元，同比增长 5%；完成固定资产投资约 21.2 亿元。全镇以
航天旅游产业为主导，建设有航天科普中心、春光椰子王国、好圣航天
科技小康村等景点。同时结合铜鼓岭、铜鼓佛光、石头公园等景观资源
和文昌希尔顿酒店、天福云龙湾度假村、航天城大酒店、云卷云舒客栈
等特色旅居，大力推进"旅游 +"综合体建设，发展"吃、住、游、购"

图 25-2 龙楼镇远景图

图片来源：由龙楼镇提供。

一体化的全域旅游。

龙楼镇按照全面建成小康社会总体布局的要求，立足"生态文明""特色小镇""智慧城市"建设，依托海南省国际旅游岛建设和 21 世纪海上丝绸之路重要节点区域战略契机，借助本地旅游资源条件和产业结构调整的有利时机，通过特色产业小镇建设，实现经济目标、产业目标、民生目标、生态目标、城建目标相统一的多元目标体系。

未来，龙楼镇将创造城镇特色风貌，提高城镇综合管理和经济运行功能，建立合理的产业结构和空间城镇格局。依托航天发射基地和海洋、旅游资源潜力，将龙楼镇建设成为文昌城市科技中心和城市旅游窗口，打造集热带农业、航天旅游、教育科普、滨海度假、商业贸易等功能于一体的国际化旅游综合体。

第二十六章
河南篇（2 个）

◆ 郑州市巩义市竹林镇

竹林镇位于巩义市东部，1994 年撤村建镇，经过 5 次行政区划，总面积 45 平方公里，下辖 8 个村（居）委会，人口近 2 万人。辖区现有上市企业 2 家，规模以上企业 16 家，是巩义市镇区面积最小、人口最少，但人均纳税最多、人均纯收入最高的镇。

2019 年，竹林镇进一步强化、细化和深化"党建领镇"发展战略，坚持"工业强镇"战略不动摇，抓好工业转型升级创新发展，全面加快镇西科技园区和健康养老产业园区建设。大力发展集体经济，实现"一社一品"，让社员真正得到红利。深入推进"旅游兴镇"战略实施，以长寿山景区为主体，按照国家 AAAAA 级旅游景区标准完善"吃住行游购娱"六大要素，着力打造牛郎山、石景公园、一线天、仙人洞等景点，推进智慧景区建设。充分展示"文明塑镇"的丰富内涵，扎实推进新型城镇化建设，不断完善城镇功能、提升居住品质。2019 年 10 月，入选"2019 年度全国综合实力千强镇"。2019 年 12 月 24 日，入选全国乡村治理示范乡镇名单"。

未来，竹林镇将准确把握新时代、新形势、新特点，紧紧围绕乡村振兴战略和全市"4+4+2"重点工作部署，以及建设"三宜新巩义"的宏伟目标，坚持实施"党建领镇、工业强镇、旅游兴镇、文明塑镇"发展战略，为建设"富裕、文明、平安、美丽"新竹林而努力奋斗。

◆ 许昌市禹州市神垕镇

神垕镇（见图 26-1）是驰名中外的钧瓷文化发祥地，是禹州市、郏县、汝州市三县（市）交界处的经济、文化、商贸中心。全镇总面积为 49.1 平方公里，镇区建成面积为 10 平方公里，辖 10 个居委会、10 个行政村，总人口 4.5 万人，其中镇区人口 3.5 万人。2019年 10 月，神垕镇入选"2019 年度全国综合实力千强镇"，是禹州市唯一上榜的乡镇。

神垕镇以文化旅游为龙头，做优产业品牌，深入挖掘民俗文化旅游资源，真正形成系列化、有看头的文化旅游品牌。以开放包容的态度加强对外合作，寻找有实力的合作伙伴，加大对外宣传、推介力度，增强古镇的吸引力。

神垕镇以产业发展为支撑，壮大钧瓷产业。钧瓷产业遵循"阳春白雪、国之重器"和"走进寻常家庭、融入百姓生活"的发展理念，以市场化需求为导向，推动供给侧结构性改革，形成创意化、开放式的生产经营模式；加强钧瓷文化研究，大力培育钧瓷产业人才，形成系统、科学的理论体系；以特色小城镇为载体，把神垕打造成为旅游产业链闭环的国家 AAAA 级旅游景区，形成强大的推动效应和倍增

图 26-1　神垕镇近景图

图片来源：由摄图网提供。

效应。

　　未来，神垕镇坚持"文化兴镇、旅游立镇"发展战略，依托自身产业特点、历史特点和资源禀赋，聚焦打造"国际陶瓷小镇、钧瓷艺术圣地"的目标，以争创国家 AAAAA 级旅游景区为主线，形成"北有神垕镇、南有景德镇"的发展格局。

第二十七章
广西篇（1 个）

◆ 北海市铁山港区南康镇

　　南康镇（见图 27-1）地处北部湾畔，位于北海市东部，总面积为175.4 平方公里，总人口 7.19 万人。2019 年，入选"2018 中国西部乡镇综合竞争力 50 强""2019 年度全国综合实力千强镇"。

　　南康镇产业繁荣发达、区位条件优越。在产业发展方面，蔗糖、淀粉产业颇具市场竞争力，无公害对虾等养殖产业面积不断扩大，豆角、甜瓜等农产品成为南菜北运主要品种，通信、金融、商贸、运输等第三产业发达；在地理区位方面，靠海、临港，交通发达，港口、机场、铁路、高速公路一应俱全。南康镇坚持富民强镇目标，依托铁山港工业区的区位优势，建设滨海宜居小镇，为中石化、新材料等千亿元产业项目和工业园区建设提供服务，涌现了义洋矿业等一批亿元企业，带动一大批群众就业致富，实现经济较快发展、社会全面进步。

　　未来，南康镇将充分依托传统产业优势，发展观光旅游、体验型农业旅游，推进有机质土、有机种植、生态养殖以及配套食品加工、饲料生产、物流等农业产业一体化发展，构建具有区域特色的农业综合开发

图 27-1　南康镇近景图

图片来源：由摄图网提供。

"南康模式"。同时，将依托百年骑楼老街、将军楼、三帝庙、三婆庙等
历史建筑，具有地方特色的民俗活动和地方戏曲"卖鸡调"等最有代表
性的历史文化遗产，挖掘骑楼文化，实施传统街区修缮、传统村落保
护、非物质文化遗产活化等文化保护工程，建设南康老街——南康江历
史文化休闲旅游带。此外，还将通过街道风貌整治，对现有市场进行改
扩建，打造成集商业、金融、文化、娱乐等多种功能于一体的综合服务
区，全面推进南康镇高质量发展。

第二十八章
内蒙古篇（1 个）

◆ 鄂尔多斯市东胜区罕台镇

罕台镇是东胜区蔬菜生产和农畜产品的开发基地，是东胜区卫星镇。境内有丰富的煤炭、石英砂、高岭土、陶土、黏土、硫黄等矿产资源。2019 年 10 月，入选"2019 年度全国综合实力千强镇"。

辖区内建有鄂尔多斯市现代羊绒产业园、鄂尔多斯市健康养老产业园、鄂尔多斯市酒业园区、鄂尔多斯市装备制造基地、鄂尔多斯市高新技术产业园、东胜区经济科教园 6 个产业园区，已初步形成现代绒纺、酒业文化、生物医药、食品加工、特色餐饮、健康养老和休闲旅游等产业集群，成为当地经济发展的助推器。同时，依托良好的自然生态及人居环境，大力发展旅居候鸟式养老产业。东胜区民政福利中心、鄂尔多斯市鑫海颐和院、鄂尔多斯市中华情国际健康养生院 3 家养老机构全面投入运营，并引进高端医疗机构与保健设施，提供健康体检、中西医理疗等医疗护理。

此外，该镇依托地域特色资源，统筹发展乡村休闲旅游和现代农牧业。辖区内拥有九城宫景区、鄂尔多斯市动物园、东联影视动漫城、鄂尔多斯市羊绒集团现代羊绒产业园 4 家国家 AAAA 级旅游景区。

　　未来，罕台镇聚焦绒纺主导产业，以鄂尔多斯市绒纺城和中小纺织园建设为载体，全面建设绒纺特色小镇、生态康养小镇、文旅休闲小镇、智慧活力小镇、民生幸福小镇。

第二十九章
湖南篇（1 个）

◆ 长沙市浏阳市大瑶镇

大瑶镇（见图 29-1）地处湘赣两省（湖南、江西）三市（浏阳、醴陵、萍乡）接合处，交通方便快捷，是浏南新区政治、经济、文化中心，是浏阳南部经济重镇、全国花炮原辅材料集散中心、全国小城镇综合改革示范镇。

大瑶镇是花炮始祖李畋的故里，素有"花炮之源"的美誉。2019 年，实现一般公共预算收入 3.3 亿元，成为全市首个地方一般公共预算收入破 2 亿元的乡镇。大瑶镇拥有花炮企业及相关企业 445 家，直接就业人员 6.7 万人，形成了以烟花爆竹生产、经营、原辅材料、包装印刷、造纸、机械为核心的完整花炮产业链，花炮产业对全镇的税收贡献率超过50%。通过加快实施振兴小产品和焰火燃放工程、培育花炮产业新的增长极，大瑶镇的经济得到飞速发展。2019 年大瑶镇新引进项目 8 个，其中重大项目有 3 个、总部经济项目有 4 个、新能源项目有 1 个，总投资额为 3.12 亿元。

在积极扶持新兴业态的同时，严厉打击行业乱象，维护公平竞争的

图 29-1　大瑶镇近景图

图片来源：由大瑶镇提供。

市场秩序。2019 年，大瑶镇对全镇 107 家彩印包装企业进行集中整治，通过关停退出、搬迁提质、整合提升、转型培优等方式，全力推动全镇彩印包装企业升级，规范行业秩序。同时，引导企业转型升级，发展食品包装、电子商务等业务，注入更多创意元素。

未来，大瑶镇将聚焦"历史文化城、现代工业城、山水宜居城"三大定位，主攻"区域合作、改革创新、产业发展、城镇化推进"四个方向，朝着"建设田园城市、打造幸福家园"的目标奋勇前行，为浏阳市高质量发展、现代化建设贡献力量。

第三十章
江西篇（1 个）

◆ 鹰潭市龙虎山风景名胜区上清镇

上清镇（见图 30-1）位于鹰潭市西南 30 公里处的上清河畔。上清镇因中国道教发源地而闻名天下，是中国道教 29 个福地之一，其所在的景区龙虎山是中国道教第一山。2007 年，荣获第三批"中国历史文化名镇"称号，是当年江西省唯一获此殊荣的镇。2019 年 10 月，入选"2019 年度全国综合实力千强镇"。

目前，上清镇依托丰富的历史文化资源和龙虎山旅游资源，大力发展古镇旅游业，构建了"一带一环四组团"的规划布局。围绕"道上清、古上清、水上清、夜上清"目标，打造一个特色产业支撑、美丽宜居的小城镇；在泉源熊家、沙湾圣井等核心旅游区域，打造农家乐示范片区；红花草、油菜种植等农业生态观光产业初见成效；组建以护林员为主的集镇建设和村民建房巡察组，加强集镇建设和村民建房管理，有效改观古镇面貌。每年举行一次庙会，每年重大节日时，邀请戏班到长庆广场戏台演出当地传统戏曲。

以"保护古镇、发展经济、开发旅游"的十二字方针为指导，全面

图 30-1　上清镇远景图

图片来源："江西龙虎山景区管委会"官方微博。

启动了上清古镇游览区规划建设。目前，上清镇总体规划已进入全面实施阶段，古镇综合改造、城门新区开发全面启动，上清大桥、上清大道、上清文化广场、上清古街修复等项目已全面开展。

第三十一章
吉林篇（1 个）

◆ 延边州安图县二道白河镇

二道白河镇（见图 31-1）地处长白山脚下，位于吉林省东南部。镇内森林资源丰富，覆盖率达到 94％，共有林地面积 272883 公顷，镇区有 120 余种植物，30 多种经济价值高的树种，年均出材量约 30 万立方米。

二道白河镇素有"长白山下第一镇"的美誉，先后荣获"全省特色城镇化建设示范镇""国家新型城镇化试点""中欧绿色和智慧城市技术创新奖""可持续发展国际试点城市""2018 年最具特色风情小镇""全国著名生态旅游小镇""'T20'世界旅游名镇"等称号。2019 年年初，经吉林省文化和旅游厅批准，获国家 AAAA 级旅游景区称号；同年 10 月，入选"2019 年度全国综合实力千强镇"。

二道白河镇牢固树立"绿水青山就是金山银山"的发展理念，紧紧围绕"依托长白山建设全域旅游特色经济强镇"的目标，提升优势产业品质和综合服务能力，争做全域旅游的"排头兵"：以提升优势产业品质为基础，推动"工业游"；以跨境发展为契机，推动"边境游"；以革

图 31-1　二道白河镇鸟瞰图

图片来源：由摄图网提供。

命老区建设为核心，推动"红色游"；以优化服务环境为重点，推动"民俗风情游"。

　　未来，按照"建设以长白山资源为依托的全域旅游特色经济强镇，实现二道白河镇跨越发展"这一目标，二道白河镇将全力以赴稳增长、促改革、调结构、惠民生，积极推动社会治理体系和治理能力现代化，为建设开放包容、绿色生态、美丽宜居的二道白河镇而努力奋斗。同时，结合乡村振兴发展战略，巩固提升脱贫攻坚成果，实现"村村通、景景连"的全域旅游新格局，开创安图县二道白河镇发展新局面。

第三十二章
山西篇（1 个）

◆ 晋城市泽州县巴公镇

巴公镇（见图 32-1）位于泽州县，辖 44 个行政村、50 个自然村，总人口 6.2 万人，总面积为 112 平方公里，素有"太行第一镇"之称。先后获得"全国村镇建设先进镇""全国造林绿化百佳镇""全国文明镇""全国环境优美乡镇""国家园林城镇""2019 年度全国综合实力千强镇"等殊荣，成为展示泽州、晋城乃至山西改革开放发展成果的重要窗口。

巴公镇是著名的"冶炼之乡"，依托独特的区位优势和资源禀赋，成为泽州县工业重镇和晋城市经济社会发展的排头兵。按"工业园区化，农业产业化，服务现代化，农村城镇化"的思路，建成了省级化工工业园区和以大葱为龙头的四个现代农业示范区，依托龙王山森林公园得天独厚的自然条件，建设龙王山休闲旅游区，努力打造成晋城市"城乡一体化"示范镇。规划建设的省级巴公化工工业园区，吸纳了晋城煤化工公司、天泽集团、兰花集团、福盛钢铁公司等 20 家骨干企业，形成了资源开发、冶炼铸造、炼钢轧材、建筑建材、轻工化工等多元化工业格局。

图 32-1　巴公镇鸟瞰图

图片来源："巴公镇人民政府"微信公众号。

　　未来，巴公镇将坚定"区镇一体、工业主导、三化统筹、宜业宜居"的发展思路，按照"北部新型工业区、中部商业居住区、南部龙王山休闲旅游区"的发展格局，全力打造全省城乡一体化示范镇。北部新型工业区，将成为未来巴公经济社会发展的强大动力支撑；中部商业居住区，将以巴原新城项目为突破口，在特色城镇化上下功夫，让更多的人进得来、住得下、发展好；南部龙王山休闲旅游区，将依据龙王山森林公园得天独厚的自然条件，鼓励和引导各类资金参与投资建设，把龙王山建成"晋城城市后花园"。

附录

附表 1　特色小镇 50 强名单

序号	省份	小镇名称	分类	指数值
1	浙江省	杭州市余杭区梦想小镇	新兴科技类	85.70
2	浙江省	杭州市西湖区云栖小镇	新兴科技类	84.57
3	浙江省	杭州市余杭区艺尚小镇	产业类	82.44
4	广东省	深圳市龙华区大浪时尚创意小镇	产业类	80.41
5	浙江省	湖州市德清县地理信息小镇	新兴科技类	78.78
6	浙江省	杭州市建德市航空小镇	新兴科技类	77.34
7	浙江省	杭州市西湖区龙坞茶镇	产业类	76.77
8	云南省	大理市喜洲古镇	文旅类	73.86
9	浙江省	杭州市萧山区信息港小镇	新兴科技类	73.79
10	浙江省	绍兴市上虞区 e 游小镇	新兴科技类	73.75
11	广东省	佛山市南海区千灯湖创投小镇	产业类	72.16
12	浙江省	杭州市西湖区艺创小镇	文旅类	71.79
13	云南省	保山市腾冲市和顺古镇	文旅类	71.63

序号	省份	小镇名称	分类	指数值
14	河北省	邢台市清河县羊绒小镇	产业类	70.50
15	浙江省	杭州市余杭区梦栖小镇	新兴科技类	69.80
16	浙江省	绍兴市诸暨市袜艺小镇	产业类	69.36
17	浙江省	金华市磐安县江南药镇	产业类	69.35
18	江苏省	苏州市高新区苏绣小镇	产业类	68.86
19	浙江省	丽水市莲都区古堰画乡小镇	文旅类	68.46
20	浙江省	衢州市开化县根缘小镇	产业类	68.26
21	安徽省	马鞍山市花山区互联网小镇	新兴科技类	67.97
22	浙江省	杭州市上城区玉皇山南基金小镇	产业类	67.93
23	广东省	中山市古镇镇灯饰小镇	产业类	67.78
24	广东省	佛山市禅城区陶谷小镇（南庄片区）	产业类	67.61
25	浙江省	嘉兴市秀洲区光伏小镇	新兴科技类	67.52
26	浙江省	湖州市长兴县新能源小镇	新兴科技类	67.35
27	吉林省	延边州安图县红丰矿泉水小镇	产业类	67.30
28	江苏省	苏州市昆山市智谷小镇	新兴科技类	67.25
29	广东省	云浮市新兴县六祖小镇	文旅类	67.08
30	安徽省	池州市青阳县九华运动休闲小镇	产业类	67.06
31	江西省	赣州市南康区家居小镇	产业类	67.03
32	安徽省	黄山市徽州区潜口养生小镇	文旅类	67.01
33	安徽省	六安市霍山县上土市镇温泉小镇	文旅类	66.99
34	浙江省	绍兴市新昌县智能装备小镇	新兴科技类	66.97
35	广东省	中山市大涌镇红木文化旅游小镇	文旅类	66.93
36	安徽省	安庆市岳西县天堂镇中关村·筑梦小镇	新兴科技类	66.88
37	吉林省	长春市经济开发区红旗绿色智能小镇	新兴科技类	66.87

续表

序号	省份	小镇名称	分类	指数值
38	江苏省	泰州市高新区凤栖小镇	新兴科技类	66.82
39	安徽省	芜湖市芜湖县航空小镇	新兴科技类	66.69
40	云南省	大理市双廊艺术小镇	文旅类	66.50
41	安徽省	合肥市经开区南艳湖机器人小镇	新兴科技类	66.38
42	安徽省	宿州市高新技术产业开发区数字小镇	新兴科技类	66.20
43	广东省	梅州市丰顺区留隍潮客小镇	文旅类	65.87
44	安徽省	淮北市相山区健康食品小镇	产业类	65.85
45	吉林省	辽源市龙山区袜业小镇	产业类	65.50
46	广东省	佛山市顺德区北滘镇智造小镇	新兴科技类	65.44
47	广东省	潮州市潮安区太安堂医养小镇	产业类	65.26
48	吉林省	敦化市吉港澳中医药健康小镇	产业类	65.23
49	广东省	深圳市龙岗区坂田创投小镇	产业类	65.13
50	广东省	梅州市梅县雁洋文旅小镇	文旅类	65.00

附表 2　特色小城镇 50 强名单

序号	省份	小城镇名称	指数
1	广东省	佛山市顺德区北滘镇	84.80
2	广东省	佛山市顺德区乐从镇	84.37
3	贵州省	遵义市仁怀市茅台镇	84.13
4	浙江省	温州市乐清市柳市镇	82.38
5	浙江省	金华市东阳市横店镇	82.37
6	广东省	中山市古镇镇	81.49
7	江苏省	苏州市昆山市陆家镇	80.99
8	江苏省	无锡市宜兴市丁蜀镇	80.92
9	江苏省	泰州市兴化市戴南镇	80.86

序号	省份	小城镇名称	指数
10	江苏省	无锡市锡山区东港镇	80.39
11	江苏省	苏州市吴中区甪直镇	79.87
12	广东省	佛山市南海区西樵镇	79.84
13	江苏省	泰州市泰兴市黄桥镇	79.72
14	浙江省	宁波市江北区慈城镇	79.50
15	广东省	江门市蓬江区棠下镇	79.34
16	福建省	泉州市晋江市金井镇	79.10
17	江苏省	镇江市扬中市新坝镇	78.89
18	山东省	潍坊市寿光市羊口镇	78.83
19	江苏省	无锡市江阴市新桥镇	78.76
20	浙江省	金华市义乌市佛堂镇	78.74
21	辽宁省	鞍山市海城市西柳镇	78.35
22	山东省	威海市荣成市虎山镇	78.23
23	江苏省	苏州市常熟市海虞镇	78.10
24	山东省	枣庄市滕州市西岗镇	77.89
25	福建省	泉州市石狮市蚶江镇	77.83
26	浙江省	嘉兴市秀洲区王店镇	77.66
27	山东省	青岛市胶州市李哥庄镇	77.31
28	福建省	泉州市安溪县湖头镇	77.04
29	广西壮族自治区	北海市铁山港区南康镇	76.33
30	湖北省	宜昌市夷陵区龙泉镇	76.17
31	安徽省	宣城市宁国市港口镇	76.01
32	内蒙古自治区	鄂尔多斯市东胜区罕台镇	75.70
33	浙江省	嘉兴市嘉善县西塘镇	75.27
34	辽宁省	营口市鲅鱼圈区熊岳镇	75.26
35	浙江省	宁波市宁海县西店镇	74.62

续表

序号	省份	小城镇名称	指数
36	河北省	石家庄市鹿泉区铜冶镇	74.62
37	安徽省	芜湖市繁昌县孙村镇	73.95
38	广东省	珠海市斗门区斗门镇	73.76
39	海南省	琼海市博鳌镇	73.02
40	河南省	郑州市巩义市竹林镇	72.95
41	山东省	泰安市新泰市西张庄镇	72.89
42	海南省	文昌市龙楼镇	72.80
43	湖南省	长沙市浏阳市大瑶镇	71.23
44	江西省	鹰潭市龙虎山风景名胜区上清镇	70.82
45	河南省	许昌市禹州市神垕镇	70.57
46	贵州省	遵义市播州区鸭溪镇	70.05
47	湖北省	仙桃市彭场镇	69.77
48	河北省	邢台市清河县王官庄镇	69.32
49	山西省	晋城市泽州县巴公镇	69.10
50	吉林省	延边州安图县二道白河镇	68.90

责任编辑：李甜甜

封面设计：胡欣欣

责任校对：史伟伟

图书在版编目（CIP）数据

中国特色小（城）镇 2020 年发展指数报告 / 蒋剑辉，张晓欢 主编 . —北京：
人民出版社，2020.6

ISBN 978－7－01－022176－2

I. ①中⋯　　II. ①蒋⋯ ②张⋯　　III. ①小城镇－发展－研究报告－中国－2020

IV. ① F299.21

中国版本图书馆 CIP 数据核字（2020）第 092729 号

中国特色小（城）镇 2020 年发展指数报告

ZHONGGUO TESE XIAOCHENGZHEN 2020NIAN FAZHAN ZHISHU BAOGAO

蒋剑辉　张晓欢　主编

人 民 出 版 社 出版发行

（100706　北京市东城区隆福寺街 99 号）

山东韵杰文化科技有限公司印刷　新华书店经销

2020 年 6 月第 1 版　2020 年 6 月北京第 1 次印刷

开本：787 毫米 ×1092 毫米 1/16　印张：14.75

字数：158 千字

ISBN 978－7－01－022176－2　定价：98.00 元

邮购地址 100706　北京市东城区隆福寺街 99 号

人民东方图书销售中心　电话：（010）65250042　65289539